ŒUVRES COMPLÈTES
DE
SIR WALTER SCOTT.

Traduction Nouvelle.

PARIS,
CHARLES GOSSELIN ET **A. SAUTELET ET C⁰**

LIBRAIRES-ÉDITEURS.

M DCCC XXVII.

H. FOURNIER, IMPRIMEUR.

ŒUVRES COMPLÈTES

DE

SIR WALTER SCOTT.

TOME SOIXANTE-UNIÈME.

IMPRIMERIE DE H. FOURNIER,
RUE DE SEINE, N° 14.

REDGAUNTLET,

ROMAN DU DIX-HUITIÈME SIÈCLE.

« Allez, mon maître, allez; toujours franc et fidèle,
» Jusqu'à mon dernier jour je vous suis avec zèle. »

SHAKSPEARE. *Comme il vous plaira.*

 TOME PREMIER.

(Redgauntlet, a tale of the eighteenth century.)

REDGAUNTLET.

(𝕽𝖊𝖉𝖌𝖆𝖚𝖓𝖙𝖑𝖊𝖙.)

LETTRE PREMIÈRE.

DARSIE LATIMER A ALAN FAIRFORD.

Dumfries.

Cur me querelis exanimas tuis? — En bon anglais, pourquoi m'etourdissez-vous de vos criailleries? L'accent de désespoir avec lequel vous me dîtes adieu à Noble-House, lorsque vous montâtes sur votre misérable haridelle pour aller reprendre votre étude servile des lois, retentit encore à mes oreilles : — Heureux drôle, aviez-vous l'air de me dire, vous pouvez vagabonder à votre gré dans les vallons et sur les collines, poursuivre tout ce qui présente quelque attrait à votre curiosité, et y renoncer quand vous cessez d'y prendre intérêt; tandis que moi, votre aîné, moi qui vaux mieux que vous, il faut, dans cette saison brillante, que je retourne à ma petite chambre et à mes lourds bouquins.

Tel est le vrai sens des réflexions par lesquelles vous attristâtes la libation de notre dernière bouteille de Bordeaux, et je ne puis interpréter autrement les expressions de vos adieux mélancoliques.

Et pourquoi en serait-il ainsi, Alan? Pourquoi diable n'êtes-vous pas assis en ce moment en face de moi, dans l'excellente auberge du *Roi George*, les pieds appuyés sur le garde-feu, et déridant la gravité toute judiciaire de votre front chaque fois qu'un bon mot se présente à votre imagination? Pourquoi, surtout, après m'être versé ce verre de vin, ne puis-je vous passer la bouteille en vous disant : A votre tour, Fairford? — Pourquoi? parce qu'Alan Fairford ne sait pas, comme Darsie Latimer, en quoi consiste l'amitié, et qu'il ne pense pas que nous devions faire communauté de bourse aussi-bien que de sentimens.

Je suis seul dans le monde. Mon unique tuteur me parle d'une fortune considérable qui m'appartiendra lorsque j'aurai atteint l'âge de vingt-cinq ans accomplis. Mon revenu actuel, comme vous les avez, est plus que suffisant à tous mes besoins. Et cependant, traître que vous êtes à la cause de l'amitié, vous me privez du plaisir de votre société, et vous vous soumettez à des privations, de peur que mes excursions ne me coûtent quelques guinées de plus. Est-ce par égard pour ma bourse ou pour votre propre orgueil? Quel que soit le motif de cette conduite, n'est-elle pas absurde et déraisonnable? Quant à moi, je vous dis que j'ai et que j'aurai toujours de quoi nous suffire à tous deux. Ce méthodique Samuel Griffiths, demeurant à Londres, Ironmonger-Lane, Guild-Hall, dont les lettres arrivent aussi régulièrement que le premier jour de chaque trimestre, m'a envoyé, comme je vous l'ai dit, pension double pour le commencement de ma vingt-unième année, en m'assurant, dans son style bref et concis, qu'il en sera de même pour les années suivantes, jusqu'à ce que j'entre en possession de tout ce qui m'appartient. Cependant il m'est défendu d'aller en Angleterre jusqu'à ce que j'aie vingt-cinq ans accomplis, et il m'est recommandé de m'abstenir, quant à présent, de chercher à connaître ma famille.

Si je ne me rappelais ma pauvre mère portant des vêtemens de deuil, ne souriant jamais que quand elle me regardait, et même alors d'un air si lugubre que son sourire ressemblait à un rayon du soleil d'avril perçant d'épais nuages; si la douceur de ses traits, si son aspect respectable ne m'interdisaient un pareil soupçon, je me croirais né de quelque directeur de la compagnie des Indes, ou de quelque opulent citoyen, ayant plus de fortune que d'honneur, d'un hypocrite faisant élever en secret un fils dont il ne se pourrait dire le père sans avoir quelque motif d'en rougir, et cachant la main qui l'enrichit. Mais, comme je viens de le dire, quand je songe à ma mère, je suis convaincu comme de l'existence de mon ame, que rien de ce qui la concerne ne peut me causer de la honte. En attendant, je suis riche, je suis un être isolé; pourquoi donc le seul ami que j'ai dans le monde se fait-il un scrupule de partager ma fortune?

N'est-il pas vrai que vous êtes mon seul ami? Ce titre ne vous donne-t-il pas le droit de partager tout ce qui m'appartient? Répondez-moi à cela, Alan Fairford. Quand je quittai la demeure solitaire de ma mère pour entrer dans le tumulte de la classe des *Minimes* (1) à l'High-School, où l'on se moqua de mon accent anglais, et où l'on me *sala* dans la neige, en m'appelant pourceau d'Angleterre; lorsqu'on me roula dans le ruisseau, en me traitant de boudin saxon, qui se déclara mon défenseur à l'aide de vigoureux argumens, et de coups de poings encore plus vigoureux? Ne fut-ce pas Alan Fairford? — Qui me frotta les oreilles quand j'apportai, dans cette petite république, l'arrogance et les manières d'un fils unique, et par conséquent d'un enfant gâté? Ne fut-ce pas encore Alan Fairford? Et qui m'apprit à jouer aux quilles et à me battre à coups de pierres? encore Alan. Si je devins avec le temps l'orgueil des cours et la terreur des petits marchands des environs d'High-School, ce fut graces à ses leçons. Sans lui je me serais contenté de passer humblement sous la porte de Cowgate sans jamais songer à gravir le haut des murailles; et je n'aurais jamais vu le Kittle-Nine-Steps (2)

(1) *Gaits*. des petits enfans. *High-School* est l'école ou *collège* public d'Édimbourg pour l'éducation première des enfans. — Éᴅ.

(2) Passage situé au haut du rocher sur lequel s'élève le château d'Édimbourg, et qui n'est praticable que pour une chèvre ou un écolier de l'High-School, étant situé à l'endroit où l'angle du bâtiment touche au bord du précipice. Y passer était pourtant un exploit tellement du goût des écoliers, qu'il fallut, pendant un certain temps, y placer des sentinelles pour les en empêcher. Monter au-dessus de la porte de Cowgate était aussi un amusement favori, surtout en temps de neige, attendu que c'était un poste inaccessible d'où les écoliers pouvaient impunément lancer des boules de neige sur les passans. La porte est maintenant abattue, et ceux qui en formaient la garnison ont probablement aussi disparu. (*Note de l'Auteur.*)

de plus près que du parc de Bareford. Vous ne m'avez appris à respecter le faible, et à montrer les dents au fort; à ne pas rapporter hors de l'école ce qui s'y passait, à déployer du courage au besoin, et à obéir à l'ordre *pande manum* (1), et à recevoir mes férules sans sourciller, en écolier déterminé à en mériter d'autres. En un mot, avant de vous connaître, je ne connaissais rien. Il en fut de même au collège (2) : quand j'étais paresseux, incorrigible, votre exemple et vos encouragemens m'excitaient à faire des efforts, et vous m'avez appris à me procurer des jouissances intellectuelles. Vous avez fait de moi un historien et un métaphysicien (*invita Minervâ*), vous en auriez presque fait un avocat comme vous-même; car, plutôt que de me séparer de vous, Alan, j'ai supporté l'ennui d'un cours de droit écossais, et d'un cours de droit civil cent fois pire encore. Mes cahiers, remplis des caricatures de nos professeurs et de nos camarades, existent encore pour prouver tout le fruit que j'en ai retiré.

J'ai supporté pour toi tout cela sans me plaindre,

et, pour dire la vérité, purement et uniquement pour suivre la même route que vous. Mais je ne puis vous suivre plus long-temps, Alan. Sur mon honneur, j'aimerais autant être un de ces marchands industrieux qui, dans la division extérieure de la salle du parlement (3), soutirent aux écoliers leur argent en échange

---

(1) *Ouvrez les mains* pour recevoir les férules. — Éd.

(2) Au collège, aux cours de l'université. — Éd.

(3) La salle du palais d'Édimbourg était autrefois divisée en deux parties par une cloison. La partie intérieure en était consacrée à

de toupies, de balles, de volans et de raquettes, qu'un des membres de la confrérie de la longue robe, qui savent faire passer dans leur poche l'argent de nos gentilshommes campagnards, à l'aide des subtilités de leur profession.

N'allez pas lire cela à votre père, Alan; je sais qu'il a assez d'amitié pour moi le samedi soir; mais il me regarde comme assez mauvaise compagnie le reste de la semaine, et je crois que c'est véritablement là que gît le motif secret de votre refus de faire une excursion avec moi dans les comtés du sud de l'Écosse pendant cette saison délicieuse. Je n'ignore pas que le brave homme me sait fort mauvais gré d'avoir été assez dissipé pour quitter Édimbourg avant la fin de la session des cours de justice; peut-être aussi me reproche-t-il un peu tout bas, je ne dirai pas de ne pas avoir d'ancêtres, mais de ne pouvoir citer un seul parent. Il me regarde comme un être isolé dans ce monde; à cet égard, il n'a pas tort, Alan, et il trouve une raison pour que vous ne vous attachiez pas à un jeune homme qui n'a nul intérêt à réclamer de la société.

Ne vous imaginez pas que j'oublie ce que je lui dois pour m'avoir donné un asile sous son toit pendant quatre ans. S'il ne m'a jamais aimé de cœur, mes obligations envers lui n'en sont pas moindres, elles n'en deviennent que plus grandes. Il ne peut me pardonner

---

ce qu'on appelle la longue robe. L'autre division contenait des boutiques de toute espèce, comme un bazar moderne. D'après l'ancienne comédie intitulée *The Plain dealer* (*l'Homme franc*), il paraît qu'il en était de même autrefois de la grande salle de Westminster à Londres. Maintenant Minos a purgé ses cours, dans ces deux villes, de tout autre trafic que le sien. — Éd.

de manquer de bonne volonté ou de capacité pour me faire homme de loi; et, relativement à vous, il regarde ma répugnance à cet égard comme étant *pessimi exempli*, d'un affreux exemple, pour parler comme lui.

Mais peut-il bien craindre qu'un garçon sage et rangé comme vous se laisse influencer par un être comme moi, semblable à un roseau pliant au gré de tous les vents? Vous continuerez à douter avec Dirleton, et à résoudre vos doutes avec Stewart (1), jusqu'à ce que vous ayez prononcé le discours d'usage, la tête couverte, au bout du banc des avocats; que vous ayez prêté serment de défendre les libertés et privilèges du collège de justice; que vous ayez endossé la robe noire; enfin qu'il vous soit permis de *poursuivre ou de défendre*, aussi bien qu'à tout membre de la docte faculté. Alors je me montrerai, Alan, et d'une manière qui, comme votre père sera forcé d'en convenir lui-même, vous sera plus utile que si j'avais partagé les honneurs réservés à la fin de vos études. En un mot, si je ne puis être *avocat*, je suis décidé à devenir *client*, espèce d'être sans lequel un procès serait aussi insipide qu'une supposition oiseuse des écoles. Oui, je suis résolu à vous payer vos premiers honoraires. Je sais positivement qu'il n'est pas difficile d'avoir un procès; la seule difficulté consiste à s'en tirer; or, avec votre bon père pour procureur, vous pour avocat, et le digne maître Samuel Griffiths pour banquier, quelques sessions ne lasseront pas ma patience. En un mot, je comparaîtrai à la cour, dût-il m'en coûter de commettre un *delictum*, ou du moins un *quasi delictum*. Vous voyez que je n'ai pas oublié tout

---

(1) Auteur jurisconsulte. — Éd.

ce qu'Erskine a écrit, ni tout ce que Wallace (1) a enseigné.

Voilà bien des folies, ce me semble; et pourtant, Alan, je ne suis pas gai au fond du cœur. Mon isolement m'est pénible, et d'autant plus que sur moi pèsent des circonstances toutes particulières. Dans un pays où chacun a un cercle de parenté qui s'étend tout au moins jusqu'aux cousins du sixième degré, je suis seul, ne pouvant compter que sur un cœur qui batte à l'unisson du mien. Si j'étais condamné à travailler pour gagner mon pain, il me semble que je penserais moins à ce genre de privation. Les communications nécessaires entre le supérieur et le subordonné seraient du moins un lien qui m'attacherait à ceux de mon espèce; mais dans l'état où je suis, une fortune indépendante fait ressortir encore mieux l'isolement de ma situation. Je me trouve dans le monde comme un étranger dans un café bien fréquenté. Il y entre, demande les rafraîchissemens qu'il désire, paie la carte, et il est complètement oublié dès que le garçon a prononcé les mots : — Bien obligé, monsieur.

Je sais que votre bon père appellerait cette façon de penser un péché contre la merci du ciel, et qu'il me demanderait comment je me trouverais si, au lieu d'être en état de payer mon écot, j'étais obligé d'implorer l'indulgence de mon hôte pour avoir pris chez lui ce dont je ne pourrais m'acquitter. Je ne puis dire comment cela se fait; mais quoique cette réflexion fort raisonnable se présente à moi de temps en temps; quoique

---

(1) Erskine, jurisconsulte, et Wallace, professeur à l'université d'Édimbourg. — Éd.

j'avoue que quatre cents livres sterling de revenu annuel en ma possession, huit cents en perspective très-prochaine, et Dieu sait combien de centaines d'autres, à une époque plus éloignée, sont quelque chose de très-agréable et de très-satisfaisant; cependant j'en donnerais volontiers la moitié pour avoir le droit de nommer votre père *mon père*, quand même il devrait me gronder de ma paresse à chaque heure du jour, et pour pouvoir vous appeler *mon frère*, quand je devrais trouver en vous un frère dont le mérite mettrait le mien tout-à-fait à l'ombre.

Une idée étrange et invraisemblable qui s'offre souvent à mon imagination, c'est que votre père connaît ma naissance et ma famille un peu mieux qu'il ne lui plaît d'en convenir. Est-il probable que j'aie été abandonné à Édimbourg à l'âge de six ans, sans autre recommandation que le paiement régulier de ma pension à notre vieux maître d'école? Tout ce que ma mémoire me rappelle d'antérieur à cette époque, c'est l'indulgence sans bornes de ma mère, et les caprices les plus tyranniques de ma part. Je me souviens encore avec quelle amertume elle soupirait, avec quels vains efforts elle cherchait à m'apaiser, quand, armé de toute l'énergie du despotisme des enfans gâtés, je m'époumonais pour en obtenir quelque chose qu'il lui était impossible de me donner. Elle n'existe plus cette bonne mère, cette mère dont la tendresse a été si mal récompensée! Je me rappelle ces figures allongées, cette chambre dans laquelle nul jour ne pénétrait, ces tentures noires, l'impression mystérieuse que firent sur mon esprit le corbillard et les voitures de deuil, et la difficulté que j'eus à faire cadrer tout cela avec la disparition de ma mère.

Je crois qu'avant ce fatal événement je ne me formais pas une idée de la mort, et que je n'avais jamais entendu parler de cette fin qui attend tous les êtres animés : c'était une connaissance que je ne devais acquérir que par la perte de la mère qui était toute ma famille.

Un respectable ecclésiastique, unique personne qui vint jamais nous visiter, fut mon guide et mon compagnon pendant un voyage qui me parut très-long. Il me confia, je ne sais ni pourquoi ni comment, aux soins d'un autre vieillard qui prit sa place et m'amena en Écosse; et voilà tout ce que je sais.

Je répète en ce moment cette petite histoire, comme je l'ai déjà fait cent fois, uniquement dans l'espoir d'en tirer quelque chose. Mettez donc à la tâche cet esprit actif, subtil, pénétrant, que doit avoir un futur avocat; essayez de donner quelque couleur à mon histoire, comme si vous vouliez prêter une forme de faits et de circonstances aux allégations ridicules de quelque imbécile client à toque bleue. Si vous y réussissez, vous serez, non pas mon Apollon, *quid tibi cum lyrâ?* mais mon lord Stair (1). En attendant je me suis débarrassé de ma mélancolie et de mes vapeurs, uniquement en vous en entretenant, et je vais aller causer une demi-heure avec Robin le rouan, dans l'écurie. Le drôle me connaît déjà, et il se met à hennir dès que je parais sur le seuil de la porte.

Le coursier noir que vous montiez hier matin promet d'être un bon cheval de fatigue, et il a porté Sam et sa valise aussi aisément qu'il vous portait vous et votre jurisprudence. Sam paraît devoir faire un bon domestique,

---

(1) Jurisconsulte. — Éd.

et il l'a été jusqu'ici. L'épreuve n'a pas été bien longue, direz-vous; il rejette le blâme de ses peccadilles passées sur la mauvaise compagnie qu'il voyait. Les gens qui fréquentaient l'écurie étaient sans doute une société séduisante. Il nie qu'il ait jamais négligé le cheval; il se passerait plutôt de dîner, dit-il. Je dois le croire en cela, car les côtes et le poil de Robin ne lui donnent pas de démenti... Quoi qu'il en soit, comme il ne trouvera pas beaucoup de saints dans les auberges où nous nous arrêterons, et que l'avoine pourrait s'y changer en bière aussi facilement que John Barley-Corn (1) lui-même, je me propose de surveiller un peu maître Sam. Stupide animal! s'il n'avait abusé de ma bonté, j'aurais pu causer de temps en temps avec lui pour donner quelque exercice à ma langue, au lieu qu'à présent je suis obligé de le tenir à une distance respectueuse.

Vous souvenez-vous que M. Fairford me dit à ce sujet qu'il ne convenait pas au fils de mon père de parler au fils du père de Sam avec autant de familiarité que je le faisais? Je vous demandai ce que votre père pouvait savoir du mien, et vous me répondîtes : — Pas plus qu'il n'en sait de celui de Sam; c'est une expression proverbiale.—Cette réponse ne me satisfit pas complètement, et cependant je serais fort embarrassé de dire pourquoi. Mais je reviens encore à un sujet inutile et rebattu. Ne craignez pas que je m'égare de nouveau dans le champ épuisé des conjectures. Je ne connais rien qui marque tant de faiblesse, qui soit aussi ridicule et aussi méprisable que d'assourdir les oreilles de ses amis de vaines et éternelles lamentations.

(1) John Barley-Corn, l'orge. Nous avons déjà fait remarquer cette personnification de la bière dans le style familier. — Éd.

Je vous écrirai régulièrement et longuement, et je voudrais pouvoir vous promettre que mes épîtres seront amusantes en proportion. Nous avons un grand avantage sur tous les couples d'amis célèbres de l'antiquité. Jamais David et Jonathas, Oreste et Pylade, Damon et Pythias, quoique, pour ces derniers surtout, une lettre arrivant par la poste eût été fort agréable, n'eurent de correspondance épistolaire ensemble ; car probablement ils ne savaient pas écrire, et bien certainement ils n'avaient ni poste ni ports francs, pour se faire passer réciproquement les épanchemens de leurs cœurs, au lieu que l'enveloppe contre-signée que vous tenez du vieux pair (1), étant maniée avec douceur, et ouverte avec précaution, peut m'être renvoyée de nouveau, et nous permettre de nous servir de la poste de Sa Majesté, sans bourse délier, pendant tout le temps que durera mon excursion. Que de lettres j'aurai à vous écrire pour vous rendre compte de tout ce que je pourrai recueillir de rare ou d'agréable, pendant que je me livre à cette folle fantaisie ! Tout ce que j'exige de vous, c'est de ne pas les communiquer au *Magasin Écossais* (2); car quoique vous ayez coutume, par une sorte de coup de main gauche, de me complimenter sur mes talens dans *la littérature légère*, aux dépens de ce qui me manque dans ses branches plus solides, je ne suis pas encore assez audacieux pour entrer sous le portail de l'édifice

---

(1) C'est le privilège de la chambre d'avoir une couverture sous laquelle les lettres peuvent voyager franches de port. — Éd.

(2) *Scotch Magazine*, journal littéraire périodique mensuel, publié par M. Archibald Constable, qui est aussi l'éditeur de la revue de trimestre appelée *Edinburgh-Review*. — Éd.

que le savant Ruddiman (1) a eu la bonté d'ouvrir aux acolytes des muses. — *Vale, sis memor mei.*

D. L.

P. S. Adressez-moi vos lettres ici, poste restante : je laisserai des ordres pour qu'on me les fasse passer partout où je pourrai être.

(1) Auteur d'une syntaxe. — Éd.

LETTRE II.

ALAN FAIRFORD A DARSIE LATIMER.

Negatur, mon cher Darsie : vous êtes assez bon logicien, et vous connaissez assez les lois pour comprendre ce que signifie le mot *nier*. Je nie votre conclusion. J'admets les prémisses, c'est-à-dire que lorsque je montai sur cette haridelle infernale, je pus pousser ce qui parut un soupir; j'avais cru que le bruit s'en perdrait au milieu des plaintes et des gémissemens de cet animal poussif, dont les maux compliqués ne se sont jamais trouvés réunis dans aucune monture, si ce n'est la jument du pauvre homme, renommée dans une chanson, et qui mourut

A mile aboon Dundee.
A un mille de Dundee.

Mais croyez-moi, Darsie, le soupir qui m'échappa avait plus de rapport à vous qu'à moi-même, et ne m'était arraché ni parce que vous m'êtes supérieur dans l'art de l'équitation, ni parce que vous êtes pourvu de plus amples moyens pour voyager. J'aurais certainement continué bien volontiers à chevaucher avec vous pendant quelques jours ; et je vous assure que je n'aurais pas hésité à mettre à contribution votre bourse, mieux remplie que la mienne, pour nos dépenses communes ; mais vous savez que mon père regarde chaque moment dérobé à l'étude des lois comme un pas rétrograde, et je dois beaucoup à sa sollicitude pour moi, quoique les effets m'en soient quelquefois peu agréables. Je vous en citerai un exemple.

En arrivant dans la boutique de Brown's Square on me dit que mon père était rentré dans la soirée, ne pouvant se résoudre, à ce qu'il paraît, à passer une nuit sans être sous la protection des lares domestiques. Ayant appris cette nouvelle de James, dont le front en cette occasion avait l'air d'être chargé de quelques soucis, j'envoyai mon Bucéphale à l'écurie par un porteur montagnard ; je me glissai dans mon antre avec le moins de bruit possible, et je me mis à ruminer certaines doctrines de notre code municipal à demi digérées. Il n'y avait pas long-temps que j'étais assis quand ma porte s'entr'ouvrit pour laisser passer la tête de mon père, qui, me voyant ainsi occupé, se retira en prononçant un — humph ! à demi articulé, qui semblait annoncer un doute que mon application fût bien sérieuse. Si telle était sa pensée, je ne saurais l'en blâmer, car votre souvenir m'occupa tellement pendant une heure que je passai à lire, que, quoique lord Stair fût ouvert devant moi, et que j'en eusse tourné trois ou quatre pages, le sens du style clair et précis de Sa Seigneurie m'échappa au point que j'eus la mortification de voir que j'avais perdu mes peines.

Avant que j'eusse recouvré quelque empire sur mes pensées, James arriva pour m'avertir que notre frugal souper m'attendait. — Des radis, du fromage et une bouteille d'ale vieille; rien que deux couverts cependant; pas de chaise préparée pour M. Darsie par l'attentif James Wilkinson. Ledit James, avec sa longue figure, ses cheveux plats, et sa queue entourée de cuir, était placé, suivant l'usage, derrière la chaise de mon père, droit comme une sentinelle de bois à la porte d'un spectacle de marionnettes. — Vous pouvez vous retirer, James, dit mon père.

— Que va-t-il y avoir de nouveau? pensai-je; je lis sur le front paternel que le baromètre n'est pas au beau temps.

Mes bottes attirèrent son premier regard de mécontentement, et il me demanda avec une sorte de rire ironique de quel côté j'avais été me promener à cheval; il s'attendait que je lui répondrais — nulle part, — et il m'aurait lâché son sarcasme ordinaire sur la fantaisie de prendre pour aller à pied un genre de chaussure qui coûte vingt shillings; mais je lui répondis avec beaucoup de sang-froid que j'avais été dîner à Noble-House. Il tressaillit, vous connaissez sa manière, comme si je lui avais dit que j'avais été à Jéricho; et comme je ne voulus pas avoir l'air de remarquer sa surprise, et que je continuai à ronger tranquillement mes radis, le tonnerre ne tarda pas à éclater.

— A Noble-House, monsieur! et qu'aviez-vous besoin d'aller à Noble-House, monsieur? Vous souvenez-vous que vous étudiez la jurisprudence, monsieur? que le jour de vos examens sur les lois d'Écosse approche, monsieur? que chaque minute de votre temps a autant de prix pour vous maintenant qu'en aurait une heure en toute autre occasion? Et vous avez le loisir d'aller à Noble-House, monsieur? d'oublier vos livres si longtemps! Si vous aviez été faire un tour aux Prairies (1), ou même fait une partie de *golf*, (2)... Mais Noble-House!

— J'y ai été avec Darsie Latimer, mon père, pour le voir commencer son voyage.

— Darsie Latimer? répéta-t-il d'un ton un peu adouci; hum! je ne vous blâme pas d'avoir de l'amitié pour Darsie Latimer; mais autant aurait valu que vous l'eussiez accompagné à pied jusqu'à la première barrière, et que vous lui eussiez fait alors vos adieux. Vous auriez épargné le louage d'un cheval, et vous n'auriez pas eu de dîner à payer.

— Latimer a payé le dîner, mon père, m'écriai-je, comptant achever de l'adoucir; mais j'aurais beaucoup mieux fait de garder le silence.

— A payé le dîner, monsieur? Et fouillez-vous donc dans la poche d'un autre pour payer votre dîner, monsieur? Personne ne doit entrer dans une auberge sans payer son écot, monsieur.

— J'admets la règle générale, mon père; mais c'était le coup du départ entre Darsie et moi, et je croyais que c'était le cas de l'exception *dochan doroch*.

— Vous vous croyez bien savant, répliqua mon père avec une expression de physionomie qui approchait d'un sourire, autant que le permettait la solennité habituelle de ses traits; mais je suppose que vous n'avez

---

1) *The meadows,* situées près d'Arthur-Seat. — Éd.

(2) Jeu de mail. — Éd.

pas dîné debout, comme le font les juifs à leur Pâque? et il a été décidé, sur un cas porté devant les baillis de Cupar-Angurs, lorsque la vache de la mère Simpson eut bu le moût d'ale de la mère Jamieson, qui l'avait mis à sa porte pour le refroidir, qu'il n'était dû aucun dommage, parce que la vache l'avait bu sans s'asseoir; cette circonstance constituant le *dochan doroch*, qui est un coup bu debout, et pour lequel il n'y a rien à payer. Ah! ah! monsieur! que dit à cela votre *avocasserie* au futur? *Exceptio firmat regulam*. Mais allons, remplissez votre verre, Alan; je ne suis pas fâché que vous ayez eu cette attention pour Darsie Latimer, qui est un brave garçon, comme le temps va; et comme il a vécu sous mon toit depuis qu'il a quitté l'école, il n'y a pas grand mal, après tout, que vous lui ayez cette légère obligation.

Comme je voyais que les scrupules de mon père disparaissaient sous la satisfaction de ses connaissances supérieures en jurisprudence, j'eus soin d'accepter mon pardon à titre de grace plutôt qu'à titre de justice, et je me bornai à lui répondre qu'en votre absence les soirées nous paraîtraient plus longues. Je vais vous donner la réponse de mon père, mot pour mot, Darsie. Vous le connaissez si bien, que vous ne vous en offenserez pas, et vous savez aussi qu'avec son air un peu formaliste, le brave homme a un grand fonds de bon sens et de justesse d'esprit.

— Il est très-vrai, dit-il, que Darsie était un compagnon agréable; mais il est trop dissipé, Alan, trop dissipé, un peu écervelé. A propos, il faut que Wilkinson nous serve désormais notre bière dans une pinte d'Angleterre; car depuis qu'il n'est plus ici pour nous aider, une pinte d'Écosse tous les soirs serait trop pour nous deux. Quant à Darsie, comme je le disais, c'est un aimable garçon, mais un peu tête légère. Je souhaite qu'il réussisse dans le monde ; mais il manque de solidité, Alan, il manque de solidité.

Je rougirais de ne pas prendre le parti d'un ami absent, Darsie : je parlai donc en votre faveur, et j'en dis même un peu plus que ma conscience ne me le permettait. Mais, en renonçant à l'étude des lois, vous avez beaucoup perdu dans la bonne opinion de mon père.

— Inconstant comme l'eau, il ne s'élèvera jamais, dit mon père; ou, comme le dit la version des Septante, *effusa est sicut aqua, non crescet.* Il court les bals, il lit des romans : — *sat est.*

Je m'efforçai de parer ses répliques en lui répondant que les bals auxquels vous aviez été ne consistaient qu'en une nuit passée chez la Pique, et que les romans que vous aviez lus, autant que je le sais, Darsie, consistaient en un volume dépareillé de Tom Jones.

— Mais il a dansé depuis le soir jusqu'au matin, répliqua mon père; il a lu vingt fois au moins des balivernes pour lesquelles celui qui les a écrites aurait dû recevoir les étrivières. Jamais ce livre ne lui sortait des mains.

Je lui donnai alors à entendre que, suivant toutes les probabilités, votre fortune était maintenant assez considérable pour vous dispenser de pousser plus loin l'étude des lois, et que par conséquent vous pouviez penser que vous aviez le droit de chercher des distractions. Cette observation lui plut encore moins que tout ce que j'avais dit jusqu'alors.

— Si l'étude des lois ne l'amuse pas, dit-il avec un

peu d'aigreur, tant pis pour lui. S'il n'en a pas besoin pour apprendre à faire sa fortune, bien certainement il en a grand besoin pour apprendre à la conserver ; et il ferait beaucoup mieux de s'y appliquer, au lieu de courir le pays en fainéant sans savoir où il va, pour voir il ne sait quoi, et de régaler à Noble-House des fous comme lui. Et jetant sur moi un regard courroucé, il répéta, en élevant la voix et d'un ton railleur : — Noble-House, en vérité ! comme si ce nom seul eût eu pour lui quelque chose d'offensant ; et cependant je garantirais que tout autre endroit où vous auriez été assez extravagant pour dépenser cinq shillings aurait excité en lui le même mouvement d'indignation.

Me souvenant de votre idée que mon père connaît votre véritable situation mieux qu'il ne juge à propos de le dire, je crus pouvoir hasarder une observation, comme un pêcheur jette sa ligne quand il croit pouvoir prendre quelque poisson. — Je ne vois pas, lui dis-je, en quoi la connaissance des lois d'Écosse pourrait être utile à un jeune homme dont toute la fortune paraît être en Angleterre. Je crus réellement un instant que mon père allait me battre.

— Avez-vous dessein, monsieur, de me sonder, *per ambages,* comme le dit l'avocat Pest ? Que vous importe où est la fortune de Darsie Latimer, et s'il en a ou n'en a point ? Quel mal lui feraient les lois d'Écosse, monsieur, quand il les connaîtrait aussi bien que Stair ou Bankton ? Quel est le fondement de nos lois municipales, monsieur ? N'est-ce pas l'ancien code de l'empire romain ; et n'a-t-il pas été rédigé dans un temps où cet empire était renommé sous le rapport de la sagesse et de la politique ? Allez vous mettre au lit, monsieur après votre expédition à Noble-House; et ayez soin que votre lampe soit allumée et que votre livre soit ouvert avant le lever du soleil. *Ars longa, vita brevis*, vous dirais-je, s'il était permis de donner le nom vulgaire d'art à la science divine de la jurisprudence.

En conséquence de cette recommandation, mon cher Darsie, ma lampe fut allumée le lendemain avant le jour; mais je restai bien tranquillement dans mon lit, courant risque d'une visite domiciliaire, et me flattant que la clarté perçant à travers mes croisées serait regardée comme une démonstration suffisante de ma vigilance. Et aujourd'hui, troisième matinée depuis votre départ, les choses ne vont guère mieux; car quoiqu'une lampe éclaire mon antre; quoique Voet *sur les Pandectes*, étale devant moi les trésors de sa sagesse, ce gros volume ne me sert que de pupitre pour écrire ces folies à Darsie Latimer, et il est donc probable qu'il ne m'avancera guère dans mes études.

Maintenant il me semble vous entendre m'appeler un hypocrite qui, vivant sous un système de méfiance et de contrainte tel que celui que mon père juge à propos de suivre pour gouverner, prétend néanmoins ne pas vous envier votre liberté et votre indépendance.

Latimer, je ne vous ferai pas de mensonges; je voudrais que mon père me laissât un peu plus l'exercice de mon libre arbitre, quand ce ne serait que pour goûter le plaisir de faire, de moi-même, ce qui pourrait lui plaire. D'ailleurs, un peu plus de temps à moi et un peu plus d'argent pour en jouir ne messiéraient ni à mon âge ni à ma condition, et j'avoue qu'il est contrariant de voir tant de jeunes gens dont la situation dans le monde est la même que la mienne, déployer leurs ailes au gré de leur caprice, tandis que je suis ici dans ma cage, comme la linote du savetier, chantant le même air du matin au soir; pour ne rien dire de la nécessité d'écouter je ne sais combien de sermons contre la fainéantise, comme si j'avais les moyens de me livrer au plaisir. Au fond du cœur, cependant, je ne puis blâmer ni le motif ni le but de cette sévérité; car elle ne peut être attribuée qu'à l'affection sincère et inépuisable de mon père, au désir ardent qu'il a de me voir faire des progrès dans mes études, et à son estime pour la profession honorable à laquelle il me destine.

Comme nous n'avons pas de proches parens, le lien qui nous unit n'en est que plus serré, quoiqu'il soit par lui-même un des plus forts que puisse former la nature. Je suis et j'ai toujours été l'unique objet de toutes les espérances, de toute la sollicitude de mon père; l'objet, dis-je, de toutes ses craintes inquiètes, qui l'occupent encore davantage. Quel droit ai-je donc de me plaindre? ces craintes et ces espérances le portent à surveiller tous mes mouvemens avec un soin qui m'est quelquefois à charge.

D'ailleurs, je dois me souvenir, et je me souviens, Darsie, que mon père m'a prouvé, en plusieurs occasions importantes, qu'il peut être indulgent aussi-bien que sévère. Son déménagement de son ancien logement dans Luckenbooths (1) fut pour lui comme la séparation de l'ame avec le corps, et cependant à peine le docteur R... (2) lui eut-il donné à entendre que l'air du

---

(1) Bâtiment aujourd'hui détruit de l'ancien Édimbourg. — Éd.

(2) Cette simple initiale pourrait bien cacher le nom du docteur Rutherford, oncle maternel de sir Walter Scott, et dont le père, médecin aussi, avait été l'élève de Boerhaave. — Éd.

quartier que nous habitons maintenant serait plus favorable à ma santé, qui se ressentait alors de ma croissance trop rapide, qu'il abandonna le logement chéri qu'il occupait depuis si long-temps, et qui attenait à la prison d'Édimbourg (1), pour prendre une de ces maisons à l'usage d'une seule famille, que le goût moderne a introduites depuis peu (2). N'en ai-je pas eu une autre preuve dans la faveur inestimable qu'il m'accorda de vous recevoir chez lui quand vous n'aviez que l'alternative désagréable de rester dans une pension où vous n'auriez eu d'autres compagnons que des enfans? C'était une chose si contraire à toutes les idées de retraite et d'économie de mon père, si dangereuse, suivant lui, pour mon application à l'étude, et pour mes mœurs, dont il cherchait à conserver l'intégrité, en m'éloignant de la compagnie de tous les autres jeunes gens, que, sur ma parole, je suis toujours plus surpris d'avoir eu la hardiesse de le lui demander que de l'avoir vu y consentir.

Quant à l'objet de sa sollicitude... ne riez pas, mon cher Darsie, et ne levez pas les mains au ciel... je vous déclare que j'aime la profession à laquelle je suis destiné, et que c'est très-sérieusement que je m'applique aux études préliminaires qu'elle exige. Le barreau est ma vocation... ma vocation spéciale, et je puis dire héréditaire ; car, quoique je n'aie l'honneur d'appartenir à aucune des grandes familles qui forment en Écosse,

(1) Aujourd'hui la prison elle-même, illustrée par un roman de sir Walter Scott, n'existe plus. — Éd.

(2) Une nouvelle ville, unie à la vieille par un pont jeté sur un ravin, a été le résultat de ce goût du bien-être qui révoltait ce brave procureur. — Éd.

comme en France, la noblesse de robe, et qui, du moins chez nous, portent la tête aussi haut, et même plus haut que la noblesse d'épée; car la première se compose plus fréquemment—des premiers-nés d'Égypte; cependant mon grand-père, qui, j'ose le dire, était un excellent homme, eut l'honneur de signer une protestation formelle contre l'Union (1), en sa qualité de respectable clerc de ville de l'ancien bourg de Birlthegroat. Il y a même tout lieu, dirai-je, d'espérer ou de soupçonner qu'il était fils naturel d'un cousin germain du laird Fairford de Fairford, que l'on comptait depuis long-temps parmi les barons du second rang. Mon père monta un degré plus haut dans la hiérarchie de la magistrature, étant, comme vous le savez aussi bien que moi, écrivain du sceau de Sa Majesté (2), plein de mérite et respecté dans nos cours de justice; moi-même je suis destiné à faire encore un pas de plus, et à porter cette robe honorable qu'on suppose quelquefois couvrir, comme la charité, une multitude de péchés. Puisque nous sommes montés si haut, je n'ai donc d'autre choix que de chercher à monter plus haut encore, ou de faire une chute, au risque de me casser le cou. Ainsi je me réconcilie avec mon destin; et tandis que, placé sur le pic de quelque montagne, vous vous amusez à considérer des lacs et des bras de mer dans le lointain, moi, *de apicibus juris*, je me console avec des visions de robes cramoisies et écarlates, garnies de beaux capuchons, et doublées de bons honoraires.

(1) L'union de l'Écosse à l'Angleterre. — Éd.

(2) *Writers to the signet*. Nous avons déjà défini les fonctions de ces espèces d'avoués-notaires et agens des grands seigneurs. — Éd.

Vous souriez, Darsie, *more tuo;* et je crois vous entendre dire : — comment peut-on se bercer de rêves si vulgaires! car vous avez un caractère élevé et héroïque, ressemblant au mien à peu près comme un banc couvert de drap pourpre, et bien chargé de paperasses, ressemble à un trône gothique resplendissant d'or et de perles. Mais que voulez-vous? *trahit sua quemque voluntas;* et quoique mes visions d'avancement puissent n'être qu'une ombre en ce moment, il est pourtant certain qu'elles peuvent se réaliser plus facilement que vos désirs, dirigés Dieu sait vers quoi. Faites attention au proverbe favori de mon père : — Fixez les yeux sur une robe d'or, et vous en aurez au moins une manche. — Tel est mon but; mais vous, sur quoi fixez-vous les yeux? sur la chance que le mystère, comme vous l'appelez, qui couvre maintenant votre naissance et votre famille s'éclaircira et produira quelque révélation miraculeuse et inconcevable; et cela sans aucun effort, sans aucun travail de votre part, uniquement par suite des bonnes graces de dame Fortune. Je connais l'orgueil et la malice de votre cœur, et je voudrais sincèrement vous avoir administré des corrections plus sévères que celles dont vous me remerciez avec tant de reconnaissance. J'aurais extirpé de votre cœur ces espérances à la Don Quichotte, et vous ne vous imagineriez pas, comme vous le faites, que vous êtes le héros de quelque histoire romanesque, métamorphosant, dans votre folle vanité, l'honnête Griffith, agent de change de la cité, dont les épîtres de chaque trimestre n'ont jamais contenu un seul mot qui ne fût indispensable, ou un savant Alcandre ou un sage Alquif, magicien et protecteur mystérieux de votre destinée. Mais je ne sais comment cela s'est fait, il faut que votre tête se soit endurcie et que mes poings se soient amollis, puisque je n'ose pas vous dire que vous avez enfin montré une étincelle de ce je ne sais quoi qui pouvait devenir dangereux, et qui m'a inspiré, sinon la crainte, du moins le respect.

Et tandis que j'en suis sur ce chapitre, il n'est pas hors de propos de vous conseiller de serrer un peu la bride à ce courage emporté. Je crains qu'il ne ressemble à un cheval fougueux, qui peut mettre celui qui le monte dans quelque embarras désagréable, ce qui lui arriverait surtout si l'esprit d'audace qui vous a soutenu jusqu'ici venait à vous manquer dans un moment critique. Souvenez-vous, Darsie, que vous n'êtes pas naturellement courageux, et qu'au contraire nous sommes convenus depuis long-temps que, quelque pacifique que je sois, j'ai l'avantage sur vous à cet égard. Mon genre de courage consiste, je crois, en une fermeté et une indifférence naturelle pour le danger, qui ne me jettent pas, tête baissée, dans des aventures, mais qui me laissent le plein usage de mon sang-froid et de tous mes moyens lorsque quelque danger véritable se présente. Le vôtre me paraît être ce qu'on pourrait appeler un courage intellectuel, une fierté d'esprit, le désir de se distinguer. C'est là ce qui vous rend avide de renommée, ce qui vous aveugle sur tous les périls, jusqu'à ce qu'ils s'offrent tout à coup à vos yeux. Je ne saurais dire si c'est parce que les appréhensions de mon père sont une maladie qui m'a gagné, ou parce que j'ai moi-même quelques raisons pour concevoir des doutes, mais je pense souvent que votre folle excursion en cherchant des aventures et des situations romanesques, peut vous conduire dans quelque mauvais pas. Et que deviendrait alors Alan Fairford? On pourrait faire qui l'on voudrait lord-avocat ou solliciteur-général (1), je n'aurais jamais le courage de chercher à obtenir l'une ou l'autre de ces places. Tous mes efforts ont pour but de me justifier un jour à vos yeux ; et je crois que je ne me soucierais pas plus de la robe de soie brodée que du tablier d'une vieille femme, si je n'avais l'espoir de vous voir un jour, dans la salle d'audience, m'admirer, et peut-être me porter envie.

Prenez donc garde, je vous prie, de m'empêcher de goûter ce plaisir. Ne voyez pas une Dulcinée dans chaque fille en savates, avec ses yeux bleus, de beaux cheveux, un plaid en lambeaux, et une baguette de saule à la main, que vous pourrez rencontrer ramenant les vaches dans son village. Ne croyez pas trouver un galant Valentin (2) dans chaque cavalier anglais, ni un Orson dans tout montagnard chassant devant lui des bestiaux. Voyez les choses telles qu'elles sont, et non à travers le prisme de votre imagination féconde. Je vous ai vu contempler un étang boueux, jusqu'à ce que vous eussiez trouvé des caps, des baies, des rochers, des précipices, en un mot, tout le spectacle imposant de l'île de Feroé, quand des yeux ordinaires n'y apercevaient qu'un abreuvoir. Une autre fois, ne vous ai-je pas vu examiner un lézard avec respect, dans la même attitude que celui qui considère un crocodile? Sans contredit, c'est un jeu fort innocent de votre imagination, car la mare ne pouvait vous noyer ni l'Alligator lilliputien vous dévorer ; mais il n'en est pas de même dans la société: vous ne

(1) Procureur. — Éd.

(2) *Valentin et Orson*, fils de l'empereur des Grecs, ancien roman de chevalerie. — Éd.

pouvez vous méprendre sur le caractère de ceux avec qui vous vivez, ni permettre à votre imagination de vous exagérer leurs bonnes et leurs mauvaises qualités sans vous exposer non-seulement au ridicule, mais à de graves inconvéniens.

Veillez donc sur votre imagination, mon cher Darsie, et permettez à votre ancien ami de vous dire que c'est de toutes vos facultés celle qui est la plus dangereuse pour votre caractère bon et généreux. Adieu. Faites souvent usage du droit de *franchise de port* du digne pair; et surtout, *sis memor usque mei.*

A. F.

LETTRE III.

DARSIE LATIMER A ALAN FAIRFORD.

Shepherd's Busb.

J'ai reçu votre épître, tissu d'absurdités et de prétentions; il est heureux pour vous que, comme Lovelace et Belford, nous soyons convenus de nous pardonner toutes les libertés que nous prendrions l'un avec l'autre; car, sur ma parole, il y a dans votre lettre certaines expressions qui, sans cela, m'auraient obligé à retourner sur-le-champ à Édimbourg, uniquement pour vous prouver que je ne suis pas ce que vous me supposez.

Quel couple de fats vous faites de nous! Moi, me jetant dans des embarras, sans avoir assez de courage pour m'en tirer; vous, la sagacité même, craignant de mettre un pied devant l'autre, de peur de vous égarer; et restant ainsi planté comme un terme, par insouciance et faiblesse de cœur, pendant que tout le monde vous passe au grand galop. Vous, peintre en portraits! — je vous dis, Alan, que j'en ai vu un meilleur, qui, perché sur le quatrième échelon d'une échelle, peignait un montagnard sans culottes, tenant une pinte aussi haute que lui, et un habitant des basses terres, en bottes et en perruque, armé d'un verre de même dimension ; le tout destiné à former l'enseigne de *la Salutation*.

Comment avez-vous le cœur de représenter votre propre individu, avec tous ses mouvemens, comme ceux d'une grande poupée hollandaise, dépendant de la pression de certains ressorts nommés devoir, réflexion, etc., sans l'impulsion desquels vous voudriez sans doute me faire croire que vous ne pouvez avancer d'un pouce? Mais n'ai-je pas vu votre grave Seigneurie hors de son lit à minuit? Faut-il que je lui rappelle en toutes lettres certaines folies? Avec les sentimens les plus graves sur les lèvres, et la réserve la plus empesée dans vos manières, vous avez toujours eu un secret penchant pour les espiégleries, quoique vous ayez plus d'envie de les faire que d'adresse pour les exécuter. Je ne puis encore m'empêcher de rire en moi-même quand je pense que j'ai vu mon vénérable conseiller, le futur président de quelque cour de justice d'Écosse, soufflant, haletant, se débattant dans un bourbier, où il était enfoncé comme une roue de charrette, et dans lequel chaque effort maladroit qu'il faisait pour s'en tirer ne servait qu'à l'enfoncer davantage, jusqu'à ce que quelqu'un (moi, par exemple), prenant pitié du monstre mugissant, je vinsse l'en tirer par la tête et la queue.

Quant à moi, mon portrait est une caricature encore plus scandaleuse, s'il est possible. Moi reculer ou manquer de courage dans l'occasion! Où trouverez-vous le moindre symptôme de cette faiblesse de caractère dont vous m'avez gratifié, uniquement, comme je m'en flatte, pour faire ressortir la ferme et impassible dignité de votre indifférence? Si vous m'avez jamais vu trembler, soyez sûr que la chair tremblait en moi, comme celle de l'ancien général espagnol, des dangers dans lesquels l'esprit allait l'entraîner.

Sérieusement, Alan, cette prétendue faiblesse d'esprit est un pauvre reproche à faire à votre ami. Je me suis examiné aussi à fond qu'il m'a été possible, un peu piqué de votre manière de penser à mon égard; et, sur ma vie! je ne puis découvrir ce qui justifierait une partie de ces sarcasmes. Je conviens que, du côté de la fermeté et du sang-froid, vous pouvez avoir quelque avantage sur moi; mais je me mépriserais moi-même si je me sentais capable de manquer de courage au besoin, comme vous semblez assez disposé à m'en accuser. Quoi qu'il en soit, je suppose que cette accusation peu gracieuse vient de votre sollicitude pour moi, et en l'envisageant sous ce point de vue je vous la pardonne, comme j'avalerais la médecine que me présenterait un docteur compatissant, quand même je croirais au fond du cœur qu'il se trompe sur la nature de ma maladie.

Ayant fini de répondre à cette inculpation offensante, Alan, je vous remercie du reste de votre lettre. Je crois entendre votre bon père prononcer le mot de Noble-House avec un mélange de mépris et de mécontentement, comme si le nom seul de ce pauvre petit hameau lui était odieux, ou comme si vous aviez choisi, dans toute l'Écosse, précisément l'endroit où vous n'auriez pas dû aller dîner; mais, s'il a une répugnance particulière pour cet innocent village et pour la mauvaise auberge qui s'y trouve, n'est-ce pas sa faute si je n'ai pas accepté l'invitation que m'avait faite le laird de Glengallacher, d'aller chasser un daim dans ce qu'il appelle emphatiquement *son pays ?* La vérité est que c'est fort à contre-cœur que j'ai refusé cette invitation... chasser un daim ! quelle idée magnifique pour un jeune homme qui n'a jamais tiré que sur des moineaux perchés sur une haie, avec un pistolet d'arçon acheté chez un brocanteur de Cowgate ! Vous qui vous vantez de votre courage, vous pouvez vous souvenir que ce fut moi qui courus le risque de tirer le premier coup, tandis que vous vous teniez à la distance de vingt pas ; et que, lorsque vous fûtes bien convaincu qu'il pouvait partir sans crever, oubliant toutes les lois, si ce n'est celle du plus fort, vous vous en emparâtes exclusivement pour le reste des vacances. Un tel amusement n'était pas une introduction complète au noble art de la chasse, telle qu'elle a lieu sur les montagnes d'Écosse, et je n'aurais pas hésité à accepter l'invitation de l'honnête Glengallacher, au risque de tirer un coup de fusil pour la première fois, si votre père n'eût jeté les hauts cris dès qu'il en fut question, dans l'ardeur de son zèle pour le roi George, la succession hanovrienne et la foi presbytérienne. Je voudrais avoir tenu bon, puisque ma déférence m'a valu si peu de chose dans son opinion. Tous ses préjugés contre les montagnards ne viennent que des souvenirs qu'il a conservés de 1745, quand lui et les volontaires ses confrères firent retraite, chacun dans *la forteresse de son logis,* aussitôt qu'ils apprirent que l'aventurier était à Kirkliston, avec les clans qui le soutenaient. La déroute de Falkirk, *relictâ non bene parmulâ,* dans laquelle je crois que votre père se trouva avec le fameux régiment de l'Ouest, ne paraît pas lui avoir donné plus de goût pour la compagnie des montagnards. (Dites-moi, en passant, Alan, est-ce d'une source héréditaire que vous tirez le courage dont vous êtes si fier?) Enfin, les histoires de Rob-Roy Mac-Grégor, et du sergent Alan Mhor Cameron, n'ont fait que les peindre en couleurs encore plus noires à son imagination.

Or, d'après tout ce que je puis comprendre, toutes ces idées, appliquées à l'état actuel du pays, sont absolument chimériques. On ne pense pas plus au Prétendant maintenant sur nos montagnes, que si le pauvre chevalier était allé rejoindre ses cent huit aïeux dont les portraits décorent les vieilles murailles d'Holyrood. Les claymores dont étaient armés les montagnards ont passé en d'autres mains; leurs targes servent à couvrir les barattes à beurre, et une race de turbulens fanfarons a disparu ou disparaît pour faire place à de lâches fripons. J'avoue même que ce fut à peu près la conviction qu'il y avait peu de chose à voir dans le nord de l'Écosse, qui, m'amenant à la même conclusion que votre père, quoique parti de prémisses différentes, me décida à diriger mes pas vers le midi, où je n'en verrai peut-être guère davantage.

Il est pourtant une chose que j'y ai vue, et que j'ai vue avec un plaisir indéfinissable; mais de même que le prophète mourant sur le sommet du mont Abarim, je voyais une terre qu'il n'était pas permis à mes pieds de toucher. J'ai vu, en un mot, les bords fertiles de la joyeuse Angleterre, où je suis fier d'avoir reçu le jour, et que je regarde avec l'affection filiale d'un enfant res-

4

pectueux, quoique des flots impétueux et des sables mouvans m'en séparent.

Vous ne pouvez avoir oublié, Alan (et quand avez-vous jamais oublié ce qui intéressait votre ami?) que la même lettre de mon ami Griffith, qui m'annonçait que mon revenu était doublé, et qui me rendait maître de tous mes mouvemens, contenait une clause prohibitive par laquelle, sans qu'on m'en donnât aucune raison, il m'était défendu de mettre le pied en Angleterre si je faisais quelque cas de ma sûreté actuelle et de ma fortune future ; — tout le reste des domaines britanniques, et le continent, m'étant ouverts à mon choix. — Où lûmes-nous, Alan, ce conte d'un plat couvert servi sur la table d'un roi, et attirant sur-le-champ les yeux de tous les convives, qui oublièrent les mets délicieux dont elle était décorée? Cette clause, qui me ferme l'Angleterre, mon pays natal, la patrie des hommes braves, sages et libres, m'afflige plus que ne me réjouissent la liberté et l'indépendance qu'on m'accorde sous d'autres rapports. Ainsi en cherchant l'extrême frontière du pays dans lequel il m'est défendu d'entrer, je ressemble au pauvre cheval attaché à un piquet, qui, comme vous avez pu le remarquer, cherche toujours sa pâture sur les points les plus éloignés du centre du cercle dans lequel sa courroie le retient.

Ne m'accusez pas d'avoir l'esprit romanesque pour avoir cédé à l'impulsion qui me poussait vers le sud; et croyez encore moins que, pour satisfaire le désir désordonné d'une vaine curiosité, je risque de perdre les avantages réels de ma situation actuelle. Quel que soit celui qui a veillé sur moi jusqu'ici, il m'a démontré par des preuves convaincantes et plus fortes que toutes les assurances qu'il aurait pu me donner, qu'il n'a que mon bien en vue. Je serais plus que fou si je refusais de me soumettre à son autorité, même quand elle semble exercée avec caprice ; car assurément, à mon âge, et quand on met la bride sur le cou, sous tout autre rapport, j'aurais pu espérer qu'on m'expliquerait franchement et clairement le motif qui oblige à me bannir d'Angleterre. Quoi qu'il en soit, je ne veux pas en murmurer ; je suppose que j'en serai instruit quelque jour ; et peut-être, comme vous le conjecturez quelquefois, trouverai-je qu'au bout du compte ce grand secret n'est que bien peu de chose.

Cependant on ne peut s'empêcher de s'émerveiller... Mais du diable si je m'émerveille davantage ! car ma lettre serait aussi pleine de merveilles qu'une des annonces de Katter Felto. J'ai grande envie, au lieu de perdre mon temps à faire des conjectures et à tirer de sots présages, de vous donner l'histoire d'une petite aventure qui m'est arrivée hier ; quoique je sois sûr que, suivant votre usage, vous tournerez votre lorgnette du côté qui diminue les objets, et vous ne verrez dans ma narration que les choses les plus triviales, auxquelles vous m'accuserez de donner une importance qu'elles ne méritent pas.—Va-t'en au diable, Alan ; tu n'es pas plus fait pour servir de confident à un jeune étourdi qui a quelque peu d'imagination, que le vieux secrétaire taciturne de Facardin de Trébizonde (1). Quoi qu'il en soit, nous devons tous deux accomplir nos destinées différentes. Je suis né pour voir, agir et raconter ; toi, comme un Hollandais enfermé dans la même diligence

(1) Allusion aux quatre Facardins d'Hamilton. — ÉD.

avec un Gascon, ton rôle est d'écouter, et de lever les épaules.

J'ai peu de choses à vous dire de Dumfries, capitale de ce comté, et je n'abuserai pas de votre patience pour vous rappeler qu'elle est bâtie sur les bords d'une belle rivière, le Nilh, et que de son cimetière, placé dans l'endroit le plus élevé de toute la ville, on jouit d'une vue aussi magnifique qu'étendue. Je n'invoquerai même pas le privilège des voyageurs pour vous forcer à écouter l'histoire de Bruce poignardant Comyn-le-Rouge (1) dans l'église des Dominicains, et devenant ensuite roi et patriote, parce qu'il avait été sacrilège et meurtrier. Les habitans actuels de Dumfries se rappellent encore ce crime, et ils le justifient en disant que ce n'était qu'une église de papistes, en preuve de quoi les murs en ont été si complètement démolis qu'il n'en reste aucune trace. Ces bourgeois de Dumfries sont francs et opiniâtres presbytériens; des hommes suivant le cœur de votre père, zélés pour la succession protestante; ce qui se remarque d'autant plus que beaucoup de grandes familles des environs sont soupçonnées d'avoir des sentimens tout différens, plusieurs d'entre elles ayant pris part à l'insurrection de 1715, et à l'insurrection encore plus récente de 1745 : la ville souffrit même à cette dernière époque. Lord Elcho, à la tête d'un nombreux détachement de rebelles, y leva une forte contribution, parce que les citoyens de Dumfries avaient inquiété l'arrière-garde de l'armée du Chevalier, dans sa marche sur l'Angleterre.

(1) Fait historique auquel il est souvent fait allusion dans le poëme du *Lord des Iles.* — ÉD.

J'ai appris la plupart de ces détails du prévôt Crosbie qui, me trouvant par hasard sur la place du marché, se rappela que j'avais été le commensal de votre père, et m'invita poliment à dîner. Je vous prie de dire à votre père que les heureuses conséquences des bontés qu'il a eues pour moi me suivent partout.

Néanmoins je me lassai de cette jolie ville en vingt-quatre heures, et je descendis les côtes vers l'Orient, tantôt m'amusant à chercher des vestiges d'antiquité, tantôt faisant ou essayant de faire usage de ma nouvelle ligne. Je vous dirai, par parenthèse, que les leçons du vieux Cotton (1), graces auxquelles j'espérais devenir digne de la confrérie pacifique des pêcheurs à la ligne, ne valent pas un farthing (2) sous ce méridien. Ce fut le seul hasard qui me l'apprit, après avoir passé quatre mortelles heures au bord de l'eau sans rien prendre. Jamais je n'oublierai un impudent morveux, un vacher d'environ douze ans, n'ayant ni bonnet, ni bas, ni souliers, et portant ce qui méritait à peine le nom de culotte, qui riait d'un air méprisant en voyant mon hameçon, mon bouchon, ma ligne, et les amorces que j'avais rassemblées pour tenter tous les habitans de la rivière. Enfin, il me prit envie de lui prêter ma ligne pour voir ce qu'il en ferait; et non-seulement le petit drôle emplit mon panier à moitié en une heure, mais il m'enseigna littéralement à prendre deux truites de ma propre main. Cette circonstance, jointe à ce que Sam avait trouvé le foin, l'avoine, et surtout l'ale, de fort bonne qualité dans cette petite auberge, me donna la

---

(1) Auteur d'un ancien traité sur la pêche. — Éd.
(2) Petite monnaie de cuivre. — Éd.

fantaisie de m'arrêter ici un jour ou deux, et j'ai obtenu pour mon petit vaurien de pêcheur la permission de m'accompagner, en payant un autre vacher pour le remplacer.

Une Anglaise d'une propreté remarquable tient cette auberge. Ma chambre à coucher est jonchée de fleurs de lavande ; les carreaux de vitre de la fenêtre sont brillans comme du cristal, et les murs en sont décorés par des ballades de la belle Rosemonde et de la cruelle Barbara Alan. L'accent de cette femme, quoique assez peu agréable, me plaît pourtant, car je n'oublierai jamais comme mes jeunes oreilles furent écorchées quand j'entendis pour la première fois votre prononciation écossaise si traînante, qui était pour moi une langue étrangère. Je sais que, depuis ce temps, j'ai contracté moi-même l'accent écossais en perfection, et que je me suis même habitué à maintes tournures de phrases écossaises ; cependant l'accent anglais est à mon oreille comme le son de la voix d'un ancien ami ; et, quand je l'entends sortir de la bouche même d'un mendiant vagabond, il a presque toujours le don de tirer quelque chose de ma poche. Vous autres Écossais, vous êtes si fiers de votre partialité nationale, que vous devez, jusqu'à un certain point, excuser celle des autres.

Le lendemain matin, je devais retourner sur les bords de la rivière où j'avais commencé mon apprentissage comme pêcheur à la ligne la soirée précédente ; mais une forte pluie m'empêcha de sortir de toute la matinée ; et, pendant tout ce temps, j'entendis mon petit drôle de guide rire à gorge déployée, et lâcher de mauvais quolibets dans la cuisine, comme le ferait un laquais dans la galerie à un shilling d'une salle de spectacle : tant il est peu vrai que la modestie et l'innocence soient les compagnes inséparables de la retraite et de l'obscurité!

Le temps s'étant éclairci après le dîner, nous partîmes enfin, et nous arrivâmes sur le bord de la rivière, où mon maître accompli me joua un nouveau tour. Probablement il aimait mieux pêcher lui-même que d'avoir à instruire un novice maladroit tel que moi ; et, dans l'espoir d'épuiser ma patience et de me déterminer à lui céder ma ligne, comme je l'avais fait la veille, mon jeune ami réussit à me laisser battre l'eau pendant plus d'une heure avec un hameçon sans pointe. Je découvris enfin ce tour, en voyant le drôle rire avec délices toutes les fois qu'une belle truite se montrait sur l'eau, enlevait l'amorce, et se retirait paisiblement. Je l'en payai par un bon soufflet; mais le moment d'après je m'en repentis : dans l'intention de l'en indemniser, je lui abandonnai la ligne pour le reste de la soirée, et il me promit de me rapporter un beau plat de truites pour mon souper, en réparation de son offense.

M'étant ainsi débarrassé de la peine de m'amuser d'une manière dont je me souciais fort peu, je dirigeai mes pas vers la mer, ou, pour mieux dire, vers le golfe de Solway, qui sépare les deux royaumes, et dont je n'étais guère qu'à un mille de distance, faisant une promenade agréable sur des hauteurs sablonneuses, couvertes de quelque verdure, que vous nommez *links* en Écosse, et que nous autres Anglais nous appelons *downs* (1).

Mais je me sens gagner par la paresse, et ce ne sera

---

(1) Et en français *dunes*. — Éd.

que demain que je donnerai la continuation de mon récit. En attendant, et de peur que vous ne tiriez des conclusions trop précipitées, il est bon de vous prévenir que nous touchons seulement à l'aventure que j'ai dessein de vous communiquer.

D. L.

LETTRE IV.

LE MÊME AU MÊME.

Shepherd's Bush.

Je vous ai dit, dans ma dernière lettre, qu'ayant abandonné ma ligne comme l'instrument d'une occupation peu profitable, je traversai les dunes qui me séparaient du golfe de Solway. Lorsque j'arrivai sur les bords de ce grand bras de mer, qui sont en cet endroit nus et bas, l'eau s'était retirée, laissant à découvert un espace sablonneux considérable, à travers lequel un courant alors très-faible et qu'on pouvait aisément passer à gué, trouvait son chemin vers l'Océan. La scène était éclairée par les rayons du soleil couchant, qui se montrait entre les nuages pourpres et sombres, comme un guerrier sur la défensive domine les murs crénelés et flanqués de tours d'une forteresse gothique. Ses rayons obliques semblaient semer de diamans la surface humide du sable, et les nombreuses flaques d'eau dont il était couvert dans tous les endroits où l'inégalité du sol avait empêché la marée de se retirer.

La scène était animée par un grand nombre de cavaliers qui s'occupaient à chasser le saumon. Oui, Alan, levez les yeux et les bras tant qu'il vous plaira, je ne puis donner à leur manière de pêcher un terme plus convenable; car ils poursuivaient le poisson au grand galop, et le perçaient avec des javelines barbelées, semblables aux épieux avec lesquels les chasseurs attaquent les sangliers sur votre vieille tapisserie. Les saumons, bien certainement, prennent la chose plus tranquillement que les sangliers; mais ils sont si agiles dans leur élément, que, pour les atteindre et les frapper, il faut un excellent cavalier, qui ait l'œil vif, la main sûre, qui soit maître de son cheval et qui sache manier son arme. Leurs cris quand ils furent animés par cet exercice, leurs éclats de rire quand l'un d'eux faisait une chute, leurs acclamations encore plus bruyantes quand un autre avait frappé un coup heureux, tout prêtait tant d'intérêt à ce spectacle, que l'enthousiasme général me gagna, et j'avançai très-loin sur le sable. Les exploits d'un des cavaliers surtout excitaient si souvent les applaudissemens bruyans de ses compagnons, que l'air retentissait de leurs cris. C'était un homme de grande taille, bien monté sur un vigoureux cheval noir, qu'il faisait voltiger comme un oiseau dans l'air. Une javeline plus longue et un bonnet garni de fourrure, surmonté d'une plume, lui donnaient un air de supériorité sur ses compagnons. Dans le fait, paraissant avoir sur eux une sorte d'autorité, il dirigeait souvent leurs mouvemens de la voix et du geste. Il y avait de la dignité dans ses mouvemens, et sa voix était sonore et imposante.

Les cavaliers commençaient à s'éloigner ; mais, quoique la scène n'offrît plus le même intérêt, je restais encore sur le sable, les yeux fixés sur les côtes d'Angleterre, que les derniers rayons du soleil doraient encore et qui me semblaient à peine à un mille de moi. Les pensées qui m'occupent si souvent s'emparèrent de mon imagination, et mes pieds s'approchèrent insensiblement du courant d'eau qui me séparaient de la côte prohibée, quoique sans aucune intention précise. Je m'arrêtai en entendant derrière moi le bruit d'un cheval au galop ; et, m'étant retourné, celui qui le montait, et qui était le même cavalier que j'avais déjà distingué, m'adressa la parole.

— Camarade, dit-il d'un ton un peu brusque, vous vous y prenez trop tard ce soir pour passer à Bowness ; la marée va arriver.

Je tournai la tête vers lui, et le regardai sans lui répondre ; car son apparition soudaine, ou, pour mieux dire, son arrivée inattendue près de moi au milieu des ombres du soir qui commençaient à se répandre, me semblait avoir quelque chose d'étrange et de mauvais augure.

— Êtes-vous sourd ou êtes-vous fou? ajouta-t-il, ou avez-vous envie de partir pour l'autre monde ?

— Je suis étranger, lui répondis-je ; je n'avais d'autre but que de vous voir pêcher, et je m'en vais par où je suis venu.

— En ce cas, dépêchez-vous donc, répliqua-t-il ; celui qui s'endort sur les bords du Solway court risque de s'éveiller dans l'autre monde ; le ciel menace d'un ouragan qui va accélérer le cours de la marée.

A ces mots, il tourna la tête de son cheval dans une

autre direction, et s'éloigna. Je commençai alors à me mettre en marche pour regagner la côte d'Écosse, un peu alarmé de ce que je venais d'entendre; car je savais que la marée s'avance avec tant de rapidité sur ces sables dangereux, que le cavalier le mieux monté renonce à tout espoir de salut s'il voit approcher les vagues écumantes quand il est encore à quelque distance du rivage.

Ces réflexions devenaient inquiétantes; au lieu de marcher d'un pas tranquille, je me mis à courir, sentant ou croyant sentir que chaque flaque dans laquelle je mettais le pied était plus profonde que la précédente. Enfin il fut évident qu'elles augmentaient de nombre et de volume, et toute la surface des sables était coupée de petits canaux remplis d'eau, soit que la marée commençât déjà à faire sentir son influence, soit, ce que je regarde comme aussi probable, que, dans la confusion et la précipitation de ma retraite, je me fusse jeté au milieu de difficultés que j'avais évitées en arrivant. Quoi qu'il en fût, c'était un état de choses nullement tranquillisant; le sable cédait toujours de plus en plus sous mes pieds, et chaque creux que je laissais derrière moi était rempli d'eau au même instant.

Des idées assez étranges commençaient à me passer par la tête; je songeais comme on se trouve commodément dans le salon de votre père, et comme on a le pied ferme sur les trottoirs de Brown's-Square et de Scot's-Close, quand mon bon génie, le cavalier pêcheur, parut une seconde fois à mon côté; son cheval noir et lui semblaient avoir une taille gigantesque dans le crépuscule.

—Êtes-vous fou? dit-il encore avec cette voix sourde

qui avait déjà retenti à mon oreille, ou êtes-vous las de vivre ? Vous allez être dans un instant sur les sables mouvans.

Je lui répondis que je ne connaissais pas le chemin et il s'écria : — Ce n'est pas le cas de perdre le temps en paroles ; montez derrière moi.

Il croyait sans doute que j'allais sauter sur son cheval avec cette dextérité que l'habitude constante de l'équitation donne à tous les habitans de ce canton. Remarquant mon air embarrassé, il me tendit la main, saisit la mienne, me dit de placer mon pied sur le bout de sa botte, et, me donnant une secousse, il me mit en croupe en moins d'une seconde. Je m'y étais à peine assuré, qu'il secoua la bride de son cheval, qui partit sur-le-champ ; mais l'animal, sans doute mécontent d'avoir à porter un double fardeau auquel il n'était pas accoutumé, se mit à faire des courbettes et à ruer des pieds de derrière. Ce mouvement inattendu me jeta sur le cavalier qui n'en resta pas moins ferme comme une tour, et qui employa tour à tour l'éperon et la bride pour dompter le coursier récalcitrant. Enfin nous partîmes au galop, nous dirigeant vers le nord, et suivant une ligne diagonale pour éviter les sables mouvans.

Mon ami (je devrais peut-être dire mon sauveur, car la situation dans laquelle je me trouvais était très-dangereuse pour un étranger) continua à presser son cheval, mais en gardant un profond silence ; et j'éprouvais trop d'inquiétude pour lui faire aucune question. Enfin nous arrivâmes à une partie du rivage que je ne connaissais nullement ; je mis pied à terre, et je lui fis, le mieux que je le pus, mes remerciemens pour le service important qu'il venait de me rendre.

L'étranger ne me répondit que par une interjection d'impatience, et il allait s'éloigner et m'abandonner à mes propres ressources, quand je le priai de compléter son œuvre de charité en m'indiquant le chemin que je devais prendre pour me rendre à Shepherd's Bush, où je lui appris que je logeais.

— A Shepherd's Bush ! répéta-t-il ; il n'y a que trois milles ; mais, si vous ne connaissez pas mieux la terre que les sables, vous pourrez vous casser le cou avant d'y être arrivé. Ce n'est pas une route facile, et surtout pendant la nuit, pour un jeune étourdi ; d'ailleurs il y a le ruisseau et les marécages à passer.

Je fus un peu déconcerté en apprenant l'existence de ces obstacles que je n'étais pas habitué à combattre. L'idée du coin du feu de votre père se présenta encore une fois à mon imagination, et je crois qu'en ce moment j'aurais volontiers changé ma situation romanesque et ma glorieuse indépendance pour me retrouver à côté de vous, dussé-je même être obligé d'avoir les yeux fixés sur les Instituts d'Erskine.

Je demandai à mon nouvel ami s'il ne pouvait m'indiquer dans les environs quelque auberge où je pusse passer la nuit ; et regardant comme probable qu'il était lui-même peu fortuné, je lui dis avec le ton de dignité d'un homme qui sait que son portefeuille est bien garni, que je récompenserais bien ceux qui voudraient me rendre service. Il ne me répondit rien, et moi, affectant autant que je pus un air d'indifférence, je me détournai de lui, et je crus prendre le chemin qu'il m'avait indiqué d'un geste.

Sa voix sonore ne tarda pas à se faire entendre à mes oreilles, et c'était pour me rappeler. — Arrêtez ! jeune homme, arrêtez! s'écria-t-il; vous vous êtes déjà trompé de route. Je suis surpris que vos parens laissent un jeune homme si inconsidéré courir ainsi les champs sans le faire accompagner d'une personne plus sage pour veiller sur lui.

— Peut-être ne l'auraient-ils pas fait, répondis-je, si j'avais des parens qui s'inquiétassent beaucoup de moi.

— Monsieur, me dit-il alors, je ne suis pas dans l'usage d'ouvrir ma maison à des étrangers; mais votre position me paraît embarrassante; car, outre le risque des mauvais chemins, du ruisseau, des marécages et d'une nuit sombre qui menace d'un orage, on rencontre quelquefois mauvaise compagnie sur la route; du moins elle n'a pas une bonne renommée, et il y est arrivé des accidens. Je crois donc que, pour cette fois, la règle que je me suis prescrite doit céder à la nécessité, et qu'il faut que je vous donne un gîte pour cette nuit.

Comment se fait-il, Alan, qu'en recevant une invitation qui venait si à propos, et qui convenait si bien à mon caractère naturellement curieux, je ne pus m'empêcher de frissonner involontairement? Mais je maîtrisai aisément cette émotion maladroite; je le remerciai.—J'espérais, lui dis-je, que mon arrivée ne causerait aucun dérangement dans sa famille, et, pour la seconde fois, je lui donnai à entendre que je désirais l'indemniser des embarras que je pourrais lui occasioner.

— Votre séjour chez moi, monsieur, me répondit-il d'un ton très-froid, m'occasionera sans doute quelque embarras; mais pour moi l'argent ne peut être une indemnité; en un mot, quoique je consente à vous recevoir chez moi, je ne suis pas aubergiste pour vous demander votre écot.

Je le priai de m'excuser, et, à son invitation, je remontai en croupe derrière lui. Son bon cheval partit du même train qu'auparavant ; la lune, quand elle pouvait se montrer entre les nuages, dessinait l'ombre du coursier et du double fardeau qu'il portait, sur le sol aride et sauvage que nous traversions.

Vous pouvez rire jusqu'à laisser tomber ma lettre des mains, Alan ; mais la situation dans laquelle je me trouvais me rappela le magicien Atlantes, monté sur son hippogriffe, et ayant un chevalier en croupe, comme l'Arioste en a tracé le tableau. Je sais que vous tenez assez aux réalités pour affecter de mépriser ce puissant poète ; mais ne croyez pas que, par déférence pour votre mauvais goût, je m'abstienne d'employer les comparaisons qui pourront se présenter à mon imagination.

Nous continuâmes à avancer ; le firmament s'obscurcissait de plus en plus autour de nous, et le vent commençait à siffler un air sauvage et mélancolique qui s'accordait parfaitement avec le bruit sourd de la marée montante que j'entendais à quelque distance, comme les rugissemens de quelque monstre gigantesque à qui l'on vient d'arracher sa proie.

Nous arrivâmes enfin dans ce qu'on appelle, dans certaines parties de l'Écosse, un *den*, et dans d'autres un *cleugh*, c'est-à-dire dans une vallée étroite et profonde. Au peu de clarté que la lune donnait par intervalles, je m'aperçus que les bords en étaient escarpés et qu'il s'y trouvait beaucoup d'arbres, quoique, en général il y en ait fort peu sur ces côtes. Nous y descendîmes par une pente roide et raboteuse, en tournant deux ou trois fois à angle droit. Mais ni l'obscurité ni le mauvais chemin ne ralentirent la marche du cheval, qui semblait glisser plutôt que galoper, et qui me jeta encore plus d'une fois sur les larges épaules de mon conducteur. Celui-ci n'y faisait aucune attention, et n'en continuait pas moins de presser sa monture des talons, en la soutenant en même temps par la bride. Enfin nous arrivâmes sans accident au fond de la vallée, à ma grande satisfaction, comme mon ami Alan peut aisément se le figurer.

Peu de temps après nous trouvâmes en face de nous deux ou trois chaumières, dont l'une, autant que j'en pus juger à la faveur d'un rayon fugitif de la lune, paraissait mieux construite que ne le sont ordinairement celles des paysans écossais de cette partie du monde. Les croisées en étaient vitrées; et les ouvertures pratiquées dans un toit en mansarde annonçaient la magnificence d'un second étage. Le paysage tout à l'entour était pittoresque. Les chaumières et les enclos qui y étaient joints occupaient un terrain plat d'environ deux acres, qu'avait en quelque sorte laissé d'un côté de la vallée une rivière qui, à en juger par le bruit qu'elle faisait, était assez considérable; ses bords semblaient couverts d'arbres qui augmentaient l'obscurité, tandis que l'espace découvert profitait des clartés passagères de la lune dans cette nuit orageuse.

Je n'eus que peu de temps pour faire ces observations; car un coup de sifflot de mon compagnon, qui appela en même temps à haute voix, fit paraître sur-le-champ à la porte de la principale chaumière un homme et une femme, suivis de deux énormes chiens de Terre-

Neuve, dont j'avais entendu les aboiemens depuis quelque temps. Une couple de bassets qui avaient fait leur partie dans ce concert se turent en apercevant mon conducteur, et se mirent à lui sauter aux jambes pour le caresser. La femme se retira dès qu'elle vit un étranger. L'homme, qui avait en main une lanterne, s'avança sans faire aucune observation, prit le cheval par la bride, et le conduisit sans doute à l'écurie, pendant que je suivais mon conducteur dans la maison.

Il me fit entrer dans un assez grand appartement, très-proprement tenu, et dont le plancher était en briques. Je ne fus nullement fâché de voir briller un bon feu dans une de ces grandes cheminées en saillie de la plupart des maisons d'Écosse. Sous le manteau et dans l'enceinte de la cheminée étaient des sièges en pierre des deux côtés, et l'on voyait suspendus aux murailles, tout autour de la salle, divers ustensiles de ménage, des filets, des javelines, et d'autres instrumens pour la pêche. La femme qui avait paru la première à la porte s'était retirée dans un appartement à côté de celui où nous étions, et mon guide l'y suivit sur-le-champ, après m'avoir invité par un geste, et sans me parler, à m'asseoir auprès du feu.

Je restai seul alors avec une vieille femme qui avait une robe d'étoffe grise, un tablier de toile à carreaux, et un *toy*, bonnet de mousseline tombant jusque sur ses épaules, comme en portent les femmes de la classe inférieure. C'était évidemment une servante, quoique sa mise fût plus propre et plus soignée qu'on ne l'attend ordinairement de cette sorte de personnes ; avantage d'ailleurs contre-balancé par l'aspect le plus repoussant. Mais la partie la plus singulière de son costume, dans ce pays très-protestant, était un rosaire dont les petits grains étaient de chêne noir; les gros grains d'argent, et auquel était suspendu un crucifix de même métal.

Elle s'occupa à faire tous les préparatifs pour le souper, étendit une nappe de grosse toile, mais très-blanche, sur une grande table de chêne; y plaça des assiettes, une salière, et disposa le feu de manière qu'il pût recevoir un gril. Je suivais des yeux tous ses mouvemens en silence; car elle ne faisait aucune attention à moi; et comme elle avait la physionomie passablement rébarbative, je ne me sentais nullement disposé à entamer la conversation.

Quand cette duègne eut terminé tous les arrangemens préliminaires, elle fouilla dans le sac de mon conducteur, qui l'avait suspendu près de la porte en arrivant, y choisit un ou deux saumons, les coupa par tronçons, et les mit sur le gril. L'odeur savoureuse de ce mets opéra si puissamment sur mon appétit, que je désirai bien ardemment qu'il ne survînt ni délai ni obstacle entre le plat et les lèvres.

Pendant que je faisais cette réflexion, l'homme qui avait conduit le cheval à l'écurie entra dans l'appartement, et je lui trouvai l'air encore moins prévenant que celui de la vieille qui remplissait les fonctions de cuisinière. Il pouvait avoir une soixantaine d'années, et pourtant son front n'était guère sillonné de rides; ses cheveux noirs commençaient à grisonner, mais n'étaient pas blanchis par l'âge. Tous ses mouvemens annonçaient une force que les années n'avaient pas diminuée, et quoiqu'il fût tout au plus de moyenne taille, il avait les épaules larges et carrées, n'était pas chargé d'embonpoint, et semblait réunir la vigueur à une activité dont l'âge avait peut-être diminué quelque chose. Sa physionomie était dure et austère, ses yeux enfoncés, ses gros sourcils grisonnant comme ses cheveux; pour finir ce portrait, sa grande bouche laissait voir une double rangée de dents d'une blancheur peu ordinaire, qui aurait fait honneur à la mâchoire d'un ogre. Il était vêtu en pêcheur, ayant un gilet et des pantalons de drap bleu, tels qu'en portent ordinairement les marins; il avait un grand couteau à gaine, semblable à ceux des maîtres de navire de Hambourg, passé dans une large ceinture de peau de buffle, qui semblait faite de manière à pouvoir soutenir dans l'occasion des armes d'un autre genre, et encore plus évidemment destinées à des actes de violence.

En entrant dans l'appartement, cet homme me regarda d'un air curieux et, à ce qu'il me parut, sinistre; mais sans faire plus d'attention à moi, il finit d'arranger la table que la vieille avait abandonnée pour s'occuper d'apprêter le poisson; avec plus d'adresse que je ne lui en aurais supposé, d'après son air grossier et sauvage, il plaça deux chaises près du haut bout de la table, et deux escabelles à l'autre bout; il mit devant chaque siège un couvert, un morceau de pain d'orge, et un petit pot d'ale, qu'il alla puiser dans une grande cruche noire. Trois de ces pots étaient de terre, mais le quatrième, qu'il mit à côté du couvert à main droite, au haut bout de la table, était d'argent, et des armoiries y étaient gravées; il plaça aussi du même côté une salière d'argent, d'un travail exquis, à compartimens, qui contenait du sel d'une blancheur éclatante, du poivre et d'autres épices. Un citron coupé par tranches fut mis à côté, sur une petite assiette d'argent. Les deux chiens de Terre-Neuve, qui semblaient parfaitement comprendre la nature de tous ces préparatifs, se postèrent aux deux coins de la table, pour être prêts à recevoir leur part du festin. Jamais je n'avais vu de plus beaux animaux, et qui fussent plus scrupuleux observateurs des lois du décorum, malgré le riche fumet qui sortait de la cheminée, et qui leur passait sous le nez. Les deux bassets étaient accroupis sous la table.

Je sais que je m'appesantis sur des circonstances triviales, et que je fatigue peut-être votre patience; mais voyez votre ami seul dans ce lieu étrange, qui semblait le temple d'Harpocrate, d'après le silence qui y régnait; souvenez-vous que c'est la première excursion que je fais hors de mes foyers; n'oubliez pas que la manière dont je venais d'arriver sentait un peu l'aventure; songez qu'il y avait du mystère dans tout ce que j'avais vu jusqu'alors, et vous ne serez pas surpris que j'aie remarqué des choses qui n'étaient que des bagatelles en elles-mêmes, et qu'elles se retracent ensuite si vivement à mon souvenir.

Qu'un homme qui fait de la pêche peut-être son amusement autant qu'un objet de spéculation ait un excellent cheval, et soit mieux logé qu'un paysan ordinaire, cela n'avait rien de bien surprenant à mes yeux; mais dans tout ce que je voyais, quelque chose semblait m'indiquer que j'étais, non chez un villageois élevé audessus de ses semblables par un peu plus d'aisance, mais chez un homme qui avait joui autrefois d'une fortune plus considérable, et tenant encore aux formes extérieures qui lui rappelaient son ancien rang.

Outre les différentes pièces d'argenterie dont j'ai déjà parlé, le serviteur posa sur la table une lampe du même métal, nourrie par l'huile la plus pure, qui répandait en brûlant une odeur aromatique, et qui donnait assez de clarté pour que je pusse mieux distinguer l'intérieur de cet appartement que je n'avais encore vu qu'à la lueur du feu. Le buffet, sur lequel était rangée suivant l'usage toute la vaisselle de terre et d'étain, défiait la critique par sa propreté, et réfléchissait la lumière de la lampe. Dans un renfoncement formé par la courbure d'une croisée, était un grand nécessaire de bois de noyer admirablement sculpté, et quelques tablettes de même bois étaient chargées de livres et de quelques papiers. Je ne pouvais aussi bien distinguer l'autre côté de ce renfoncement, parce qu'il était dans l'ombre, et que d'ailleurs de la place où j'étais je ne pouvais le voir que très-imparfaitement; mais je crus y apercevoir deux fusils, deux épées, des pistolets et d'autres armes; chose assez singulière, sinon suspecte, dans une pareille chaumière et dans un pays si tranquille.

Vous pouvez bien supposer que je fis toutes ces observations en moins de temps qu'il ne m'en faut pour les écrire, et qu'il ne vous en faudra même pour les lire, à moins que vous ne vous contentiez de les parcourir. Enfin je réfléchissais aux moyens de m'ouvrir quelque communication avec les habitans muets de cette maison, quand mon conducteur rentra dans l'appartement.

Il avait quitté son bonnet fourré et sa grosse redingote pour un justaucorps de drap gris bordé de noir, qui lui serrait la taille et dessinait un corps robuste et nerveux; il avait des pantalons (1) de couleur moins

(1) *Trowsers.*

foncée et aussi étroits que ceux que portent les habitans des montagnes. Ses vêtemens étaient d'un drap plus fin que ceux du vieillard, et son linge, car je portai mes observations jusque-là, était parfaitement blanc. Sa chemise, sans jabot, avait le collet attaché par un ruban noir, et laissait à découvert des muscles qui eussent été dignes d'un Hercule antique. Il avait la tête petite et le front haut. Il ne portait ni perruque ni poudre, et ses cheveux châtains, frisés naturellement sur sa tête comme sur celle d'une statue romaine, n'offraient pas la moindre trace des ravages des années, quoiqu'il parût avoir au moins cinquante ans. Ses traits étaient si fortement prononcés, qu'on n'aurait su dire s'ils étaient beaux ou durs; mais d'ailleurs des yeux gris étincelans, un nez aquilin, une bouche bien fermée, contribuaient à rendre sa physionomie noble et expressive. Un air sérieux ou sévère, peut-être l'un et l'autre, paraissait indiquer un caractère mélancolique et hautain en même temps. Je mis ma mémoire à contribution pour chercher quelque ancien héros à qui je pusse comparer la figure noble et mâle que j'avais sous les yeux. Il était trop jeune et montrait trop peu de résignation à son destin pour être Bélisaire. Coriolan debout près du foyer de Tullus Aufidius en approchait davantage; cependant l'air sombre et fier de cet étranger faisait plutôt encore penser à Marius assis sur les ruines de Carthage.

Pendant que je me perdais dans ces réflexions, mon hôte, debout devant le feu, me regardait avec la même attention que je lui accordais. Ses regards commençaient à m'embarrasser, j'allais rompre le silence à tout hasard, quand le souper, placé sur la table, m'offrit un spectacle qui me rappela des besoins que j'avais presque oubliés en examinant les belles formes de mon conducteur. Il parla enfin, et le son de sa voix pleine et sonore me fit presque tressaillir, quoiqu'il ne parlât que pour m'inviter à me mettre à table.

Vous savez que la stricte et excellente discipline de votre père m'a habitué à entendre tous les jours appeler la bénédiction du ciel sur le pain quotidien qu'on nous apprend à lui demander. J'attendis donc un instant, comme par instinct; et, quoique je n'eusse pas dessein de l'en faire apercevoir, je présume que mon hôte s'aperçut de ce qui se passait en moi. Les deux domestiques (domestiques ou personnages d'un rang inférieur, comme j'aurais dû l'observer) étaient déjà assis au bas bout de la table; mon hôte jeta sur le vieillard un regard dont l'expression était tout-à-fait singulière, et lui dit d'un ton qui approchait presque du sarcasme :

— Cristal Nixon, dites le *benedicite*, monsieur l'attend.

— Le diable sera mon clerc et répondra *amen* quand je deviendrai chapelain, répondit Cristal en grondant d'une voix qui ressemblait au hurlement d'un ours mourant. Si monsieur est un Whig, il peut faire ses momeries lui-même. Je ne mets ma foi ni dans les paroles ni dans les écrits, mais dans l'ale et le pain d'orge.

— Mabel Moffat, dit alors mon guide en se tournant vers la vieille femme et en élevant la voix, probablement parce qu'elle avait l'ouïe dure, ne pouvez-vous bénir notre repas?

La vieille femme secoua la tête, baisa la croix suspendue à son rosaire, et garda le silence.

— Mabel ne veut pas appeler la bénédiction du ciel

pour un hérétique, dit mon hôte avec la même expression de sarcasme sur sa physionomie.

En ce moment je vis s'ouvrir la porte latérale dont j'ai déjà parlé, et la jeune femme (ce ne fut qu'alors que je m'aperçus qu'elle était jeune) qui avait paru la première à la porte de la chaumière fit quelques pas dans l'appartement, et s'arrêtant tout d'un coup d'un air timide, comme si elle eût remarqué que je la regardais, elle se tourna vers le maître de la maison : — Ne m'avez-vous pas appelée? lui demanda-t-elle.

— Non, répondit-il, j'ai seulement parlé plus haut pour me faire entendre de la vieille Mabel. Cependant, ajouta-t-il comme elle se retournait pour se retirer, c'est une honte qu'un étranger soit dans une maison où personne ne peut ou ne veut dire un *benedicite*. Servez-nous de chapelain pour cette fois.

La jeune fille, qui était réellement jolie, s'avança avec une timidité modeste, et, sans avoir l'air de croire qu'elle fît quelque chose qui ne fût pas ordinaire, elle prononça le *benedicite* d'une voix argentine et avec une simplicité touchante; elle rougit seulement autant qu'il le fallait pour prouver que dans une occasion solennelle elle eût éprouvé plus d'embarras.

Maintenant, Alan Fairford, si vous vous attendez à trouver ici une belle description de cette jeune fille, afin d'avoir le droit de me reprocher d'avoir rencontré une Dulcinée dans la chaumière d'un pêcheur du golfe de Solway, vous serez trompé dans votre attente; car en vous disant qu'elle est jolie, et qu'elle m'a paru douce et aimable, je vous ai dit tout ce que je puis vous en dire. Elle disparut dès qu'elle eut prononcé le *benedicite*.

Mon hôte, tout en faisant une remarque sur le froid que nous avions éprouvé chemin faisant, et sur l'air vif qu'on respirait sur les sables du golfe, remarque à laquelle il ne semblait pas attendre de réponse, mit sur mon assiette une tranche du poisson grillé par Mabel, et qui, avec des pommes de terre bouillies, servies sur un grand plat de bois, formait la totalité du souper. Quelques gouttes de jus de citron relevèrent la saveur de ce mets beaucoup mieux que l'assaisonnement ordinaire de vinaigre, et je vous promets que ni ma curiosité ni les soupçons que je n'avais pu m'empêcher de concevoir ne m'empêchèrent de faire un excellent repas. Pendant toute sa durée, il se passa fort peu de chose entre mon hôte et moi. Il fit les honneurs de sa table avec politesse, mais sans affecter cette hospitalité cordiale dont les gens de sa condition (de sa condition apparente) manquent rarement en ces occasions de donner des démonstrations sincères ou non. Au contraire, ses manières semblaient celles d'un maître de maison poli envers un hôte qu'il reçoit à l'improviste et presque malgré lui, et à qui il fait bon accueil par respect pour lui-même.

Si vous me demandez comment j'ai appris tout cela, je ne puis vous le dire; et, quand je vous transcrirais mot pour mot le peu de phrases insignifiantes que nous prononçâmes l'un et l'autre, elles ne suffiraient peut-être pas pour justifier ces observations. Je me bornerai à dire qu'en servant ses chiens, ce qu'il faisait de temps en temps avec beaucoup de libéralité, il semblait s'occuper d'un devoir beaucoup plus agréable pour lui que celui qu'il remplissait en ayant quelques attentions pour son hôte. En résumé, l'impression produite par sa conduite sur mon esprit fut telle que je viens de vous le dire.

Après le souper, on fit circuler sur la table un flacon d'eau-de-vie, placé dans un porte-liqueur d'argent travaillé en filigrane. Je m'en étais déjà versé un petit verre, et quand il eut passé entre les mains de Mabel et de Cristal, et qu'il revint dans les miennes, je ne pus m'empêcher de le garder un instant pour considérer les armoiries gravées sur l'argent avec beaucoup de goût. Ayant rencontré en ce moment les yeux de mon hôte, je vis sur-le-champ que ma curiosité lui déplaisait; car il fronça les sourcils, se mordit les lèvres, et laissa échapper plusieurs autres signes d'impatience. Je remis aussitôt le porte-liqueur sur la table en balbutiant quelques excuses; mais il ne daigna ni y répondre, ni même les écouter, et, à un signe que lui fit son maître, Cristal fit disparaître le porte-liqueur et le petit pot d'argent sur lequel les mêmes armoiries étaient gravées.

Un moment de silence assez embarrassant s'ensuivit. Je me hasardai à le rompre en lui disant que je craignais que l'hospitalité qu'il avait bien voulu m'accorder n'eût occasioné quelque inconvénient à sa famille.

— J'espère que vous n'en voyez aucune apparence, monsieur, me répondit-il avec une civilité froide. Les inconvéniens que l'arrivée d'un hôte inattendu peut occasioner à une famille retirée comme la nôtre doivent être bien peu de chose en comparaison de ceux auxquels l'expose lui-même le manque de bien des objets auxquels il peut être habitué. Ainsi donc, sous le rapport des relations que nous avons ensemble, nos comptes se balancent.

Cette réponse n'était rien moins qu'encourageante;

cependant, voulant me montrer civil et lui paraissant peut-être tout le contraire, je lui dis, en balbutiant, que je craignais que ma présence n'eût banni de sa table une personne de sa famille, et je jetai en même temps un coup d'œil sur la porte latérale.

— Si vous voulez parler de la jeune personne que vous avez vue dans cet appartement, dit-il avec froideur, vous pouvez voir que la table était assez grande pour qu'elle pût y trouver place, et le souper, quel qu'il fût, était suffisant pour qu'elle pût en prendre sa part. Vous pouvez donc être assuré qu'elle aurait soupé avec nous si cela lui eût convenu.

Il n'y eut plus moyen de prolonger la conversation ni sur ce sujet, ni sur aucun autre; car mon hôte se leva de table en me disant que mes vêtemens humides me feraient peut-être trouver agréable, pour cette nuit, la coutume adoptée dans sa famille de se retirer de très-bonne heure. Il ajouta qu'étant obligé de sortir le lendemain à la pointe du jour, il aurait soin de m'éveiller en même temps pour me montrer le chemin de Shepherd's Bush.

Cet avis coupait court à toute autre explication; il dispensait même de toutes les formes ordinaires de politesse; car, comme mon hôte ne me demandait ni mon nom ni ma condition, et ne témoignait pas le moindre intérêt à ce qui me concernait, moi, à qui il venait de rendre un service, je n'avais aucun prétexte pour lui faire des questions du même genre.

Il prit la lampe et me conduisit dans une petite chambre où l'on m'avait préparé un lit. Posant la lampe sur une table, il me dit de laisser à la porte mes vêtemens mouillés, afin qu'on pût les faire sécher pendant la nuit, et il se retira en murmurant indistinctement quelques mots que je pris pour un — Je vous souhaite le bonsoir.

Je suivis ses instructions relativement à mes habits, d'autant plus qu'en dépit du verre d'eau-de-vie que j'avais bu, je sentais que mes dents commençaient à se heurter, et il me semblait même qu'un mouvement fébrile m'avertissait qu'un jeune homme élevé comme moi dans une ville ne peut s'exposer tout d'un coup avec impunité aux intempéries de l'air qu'il faut braver pour se livrer aux amusemens de la campagne. Mais quoique mon lit fût un peu dur, les draps, s'ils étaient de grosse toile, en étaient blancs et bien secs; et la chaleur et le frisson de fièvre que je croyais avoir ne m'empêchèrent pas d'écouter avec intérêt le bruit des pas pesans de quelqu'un, que je crus être mon hôte, qui marchait sur les planches du plafond de mon appartement. La lumière devint visible à travers les fentes, dès que ma lampe fut éteinte; et comme le bruit d'une marche lente, solennelle et régulière, continua à se faire entendre, et que je pus distinguer qu'on allait successivement d'un bout de la chambre à l'autre, il me parut clair que celui qui marchait ainsi ne s'acquittait d'aucune occupation domestique, mais se promenait en long et en large pour son plaisir. Singulier amusement, pensai-je, pour un homme qui avait pris un violent exercice pendant au moins une grande partie de la journée précédente, et qui parlait de se lever le lendemain au premier rayon de l'aurore.

Cependant j'entendais éclater l'ouragan qui avait menacé toute la soirée, et qui payait ses retards avec usure. Un bruit semblable à celui du tonnerre lointain, et sans doute produit par les vagues qui se brisaient sur le rivage à quelque distance, se mêlait aux mugissemens du torrent voisin, et au sifflement du vent à travers les arbres de la vallée. Dans l'intérieur de la maison les fenêtres battaient, les portes tremblaient sur leurs gonds, et les murailles, quoique assez solides pour un bâtiment de cette espèce, semblaient s'ébranler sur leurs fondations.

Néanmoins, au milieu de la fureur des élémens déchaînés, je distinguais encore les pas pesans de celui qui se promenait au-dessus de ma tête. Je crus même plus d'une fois entendre des gémissemens lui échapper ; mais j'avoue franchement que, dans la situation inusitée où je me trouvais, mon imagination peut m'avoir trompé. Je fus souvent tenté d'appeler, et de demander si l'ouragan, qui faisait rage autour de nous, ne menaçait pas la maison de quelque danger ; mais quand je songeais au caractère sombre et peu sociable de mon hôte, qui paraissait fuir la compagnie des hommes et rester inébranlable au milieu du désordre des élémens, il me semblait que lui parler en ce moment, ce serait m'adresser à l'esprit de la tempête ; car nul autre être, pensais-je, n'aurait pu rester calme et tranquille tandis que les vents et les flots étaient soulevés dans tous les environs.

Avec le temps, la fatigue triompha de l'inquiétude et de la curiosité. L'ouragan s'apaisa, j'oubliai un moment de terreur ; et le sommeil me ferma les yeux avant que les pas mystérieux de mon hôte eussent cessé d'ébranler le plancher de sa chambre.

On aurait pu croire que la nouveauté de ma situation, sans empêcher mon sommeil, l'aurait du moins rendu moins profond, ou en aurait abrégé la durée; point du tout: jamais je ne dormis mieux de ma vie, et je ne m'éveillai qu'au point du jour, quand mon hôte, me secouant par l'épaule, interrompit quelque rêve dont je n'ai conservé aucun souvenir, heureusement pour vous, sans quoi je n'aurais pas manqué de vous en faire le récit, dans l'espoir de trouver en vous un second Daniel.

— Vous dormez bien, me dit sa voix sonore. Avant que cinq ans se soient accumulés sur votre tête, votre sommeil sera plus léger, à moins que d'ici là vous ne vous endormiez du sommeil qui ne souffre plus d'interruption.

— Comment ! m'écriai-je en me mettant précipitamment sur mon séant ; savez-vous quelque chose de moi, de mon avenir, de mes vues dans le monde ?

— Je ne sais rien de tout cela, me répondit-il avec un sourire contraint ; mais vous entrez dans le monde, jeune, sans expérience, plein d'espoir, et je ne vous prédis que ce que je prédirais à quiconque se trouverait dans la même situation. Mais levez-vous, voici vos habits ; une croûte de pain et une jatte de lait vous attendent en bas, si vous désirez déjeuner avant de partir; mais hâtez-vous.

— Mais d'abord, lui dis-je, je prendrai la liberté de rester seul quelques minutes avant de commencer la journée.

— Oh ! pardon à votre dévotion ! répliqua-t-il; et il sortit de la chambre.

Alan, il y a en cet homme quelque chose de terrible.

J'allai le joindre, comme je le lui avais promis, dans

la cuisine où nous avions soupé la veille, et j'y trouvai le déjeuner qu'il m'avait annoncé, sans rien de plus, pas même du beurre.

Il se promena en long et en large, pendant que j'entamais le pain et le lait; et ses pas lents et mesurés semblaient s'identifier avec ceux que j'avais entendus pendant la nuit. La lugubre solennité de sa marche semblait se conformer au cours de quelque sombre passion intérieure. Nous courons légèrement, pensai-je en moi-même, sur les bords d'un ruisseau dont l'eau vive fuit en murmurant, et nous semblons vouloir suivre son cours rapide; mais près d'une eau profonde qui s'écoule péniblement dans un lieu solitaire, notre marche devient grave et silencieuse comme elle. Quelles pensées peuvent être en harmonie en ce moment avec ce front soucieux et ce pas lourd et solennel?

Il vit que je ne mangeais plus, et que je restais les yeux fixés sur lui; alors, me regardant avec un air d'impatience : — Si vous avez fini de déjeuner, me dit-il, je vous attends pour vous montrer votre chemin.

Nous sortîmes ensemble sans que j'eusse vu aucun des individus composant la famille, à l'exception de mon hôte. Je fus contrarié de ne pas trouver, comme je le comptais, l'occasion de remettre une petite gratification aux domestiques, ou du moins à ceux qui paraissaient l'être. Car offrir une récompense au maître de la maison, c'était ce qu'il me semblait impossible d'essayer.

Que n'aurais-je pas donné pour posséder ce calme heureux avec lequel vous placez presque de force une demi-couronne dans la main d'un homme qui vous paraît en avoir besoin, sans vous soucier si vous blessez l'amour-propre de celui que vous voulez soulager, parce que vous connaissez la pureté de vos principes. Je vous ai vu une fois donner deux pence à un homme à longue barbe, qui d'après son air de dignité extérieure aurait pu représenter Solon. Je n'eus pas le même courage, et par conséquent je n'offris rien à mon hôte mystérieux, quoique, n'en déplaise à quelques pièces d'argenterie qu'il me laissa voir, tout dans sa maison annonçât la gêne, sinon la pauvreté.

Nous partîmes ensemble. Mais j'entends votre exclamation toute nouvelle, et convenable peut-être à la circonstance : *Ohe! jam satis est!* Le reste sera donc pour une autre fois. Peut-être même ne vous écrirai-je que lorsque j'aurai vu quel cas vous faites de mes premières communications.

D. L.

LETTRE V.

ALAN FAIRFORD A DARSIE LATIMER.

J'ai reçu vos deux dernières lettres, mon cher Darsie, et comme j'en attendais tous les jours une troisième, je ne me suis pas pressé de vous répondre. Ne croyez pourtant pas devoir attribuer mon silence à ce qu'elles m'aient inspiré peu d'intérêt, car en vérité en cette occasion vous vous êtes surpassé vous-même, et ce n'était pas une tâche facile. Depuis le premier fou qui découvrit le Pandemonium de Milton dans un foyer à demi éteint, jusqu'au premier marmot ingénieux qui a soufflé une bulle de savon, personne n'a aussi bien que vous, ô le meilleur de mes amis! l'heureux talent de faire de rien beaucoup de choses. Si vous plantiez une fève, comme dans le conte dont on berce les enfans, à peine commencerait-elle à germer, que vous montreriez le château du géant élevant ses murailles crénelées sur l'extrémité supérieure de sa tige. Votre riche ima-

ALAN FAIRFORD A DARSIE LATIMER.

gination donne une couleur de merveilleux et de sublime à tout ce qui vous arrive. Avez-vous jamais vu cette espèce de verre que les artistes appellent un Claude-Lorrain, et qui répand sa teinte particulière sur tout le paysage que vous regardez à travers? Eh bien! c'est précisément à travers un pareil milieu que vous voyez les événemens les plus ordinaires.

J'ai réfléchi avec attention sur tous les faits contenus dans votre dernière et longue lettre, et je n'y ai vu que ce qui pourrait arriver au premier petit bambin de l'école de Leith, qui, s'avançant trop sur les sables, aurait mouillé ses souliers et son pantalon, et qu'une femme de pêcheur, à jupons retroussés, aurait emmené chez elle par compassion, tout en maudissant l'embarras que le morveux lui occasionerait.

J'aurais voulu voir la figure que vous faisiez en croupe derrière le vieux drôle, tremblant pour votre vie, vos dents se heurtant les unes contre les autres, et le pouls agité. Votre exécrable souper de saumon grillé, qui suffirait pour vous assurer régulièrement pendant une année entière la visite nocturne du cauchemar, peut passer pour une véritable affliction; mais quant à l'ouragan de jeudi dernier, car je vois que c'en est la date, il a sifflé, mugi, rugi, tempêté, entre les vieilles cheminées de Candle-Maker-Row (1) tout aussi bien que sur les bords du Solway, *teste me totam vigilante noctem*. Et le lendemain matin, que Dieu vous pardonne votre délicatesse sentimentale! vous dites adieu au pauvre homme sans même lui donner une demi-couronne pour avoir soupé, couché et déjeuné chez lui!

---

(1) Vieux quartier d'Édimbourg. — Éd.

Vous riez de m'avoir vu donner deux pence (et cependant, pour être exact, vous auriez dû dire une pièce de six pence), à un vieillard que, dans vos idées sublimes, vous auriez laissé aller se coucher sans souper, parce qu'il ressemblait à Solon ou à Bélisaire. Mais vous oubliez que l'affront descendit comme la rosée du ciel dans la poche du vieux mendiant, qui combla de bénédictions le généreux bienfaiteur. Il se passera longtemps, Darsie, avant qu'il vous remercie de la vénération que vous ont inspirée sa tête chauve et sa longue barbe. Vous vous amusez ensuite aux dépens de mon pauvre père et de sa retraite de Falkirk, comme s'il n'était pas bien temps de décamper quand on est poursuivi par trois ou quatre montagnards qui, avec des talons aussi légers que les mains, et la flamberge en l'air, vous crient *furinish!* Vous vous rappelez ce que mon père dit lui-même quand le laird du Bucklivat lui expliqua que *furinish* signifiait : *Attends un moment!* — Que diable! dit-il (cette exclamation peu presbytérienne lui étant arrachée par une demande si déraisonnable en pareilles circonstances) — les coquins voulaient-ils donc que je les attendisse pour me laisser couper le cou?

Supposez que vous ayez de semblables gaillards à vos trousses, Darsie, et demandez-vous si vous ne remueriez pas les jambes aussi lestement que vous l'avez fait en fuyant la marée montante sur les sables de Solway; et cependant vous accusez mon père de manquer de courage! je vous dirai qu'il en a assez pour faire ce qui est bien, et s'abstenir de ce qui est mal; pour défendre de sa plume et de sa bourse une cause juste, pour prendre le parti du pauvre contre celui qui l'opprime, sans s'inquiéter des conséquences pour lui-même. C'est là le courage *civil*, Darsie; et dans le siècle et le pays où nous vivons, il est fort peu important pour bien des gens de posséder ou de ne posséder pas le courage *militaire*.

Ne croyez pas que je sois fâché contre vous, quoique je cherche à rectifier vos idées sur mon père. Je sais parfaitement qu'au total vous avez pour lui presque autant de respect que moi-même. Mais pendant que je suis en train de parler sérieusement, ce qui ne peut durer bien long-temps avec quelqu'un qui m'offre des tentations perpétuelles de rire à ses dépens, permettez-moi de vous prier, mon cher Darsie, de faire en sorte que votre ardeur pour les aventures ne vous expose plus à des dangers pareils à celui que vous avez couru sur les sables du Solway. Le reste de l'histoire est de pure imagination, mais cette soirée orageuse aurait pu devenir, comme le clown (1) le dit au roi Lear, — *une mauvaise nuit pour nager*.

Quant au reste, si vous pouvez trouver des héros mystérieux et romanesques dans de vieux pêcheurs quinteux et bourrus, fort bien! je trouverai moi-même quelque amusement dans cette métamorphose. Un moment, pourtant; il faut même en cela un peu de précaution. Ce chapelain femelle dont vous parlez si peu, tandis que vous vous étendez si longuement sur les autres personnages, fait naître quelques soupçons dans mon esprit. Elle est *réellement jolie;* et voilà tout ce que votre discrétion juge à propos de m'en dire! il y a des cas où le silence exprime autre chose que l'assentiment. Aviez-vous quelque honte ou quelque crainte de chanter les louanges de la jolie diseuse de *benedicite?* Sur ma

(1) Le paysan bouffon des anciennes pièces anglaises. — Éd.

vie! vous rougissez. Quoi! ne vous connais-je pas pour un galant obstiné près des dames? N'ai-je pas été dans votre confidence? Un bras élégant qui se montrait par hasard quand tout le reste de la personne était caché sous une grande pelisse, et un talon surmonté d'une cheville bien prise, ne vous ont-ils pas tourné la cervelle pendant huit jours? S'il m'en souvient bien, vous vous êtes laissé prendre une fois par le seul regard d'un œil sans pareil, qui lorsque celle à qui il appartenait leva son voile, se trouva littéralement sans son pareil. Une autre fois n'êtes-vous pas devenu amoureux d'une voix, rien que d'une voix qui accompagnait la psalmodie dans la vieille église de Grey-Friars; et cette flamme si vive ne s'est-elle pas éteinte tout à coup en découvrant que cet organe flûté appartenait à miss Dolly-Mac-Ezzard, bossue par-devant et par-derrière?

Tout cela pris en considération, et formant contraste avec le silence adroit que vous gardez sur votre néréide à *benedicite*, je dois vous prier d'entrer dans plus de détails à ce sujet dans votre prochaine lettre, à moins que vous ne vouliez me laisser conclure que vous pensez à elle plus que vous ne voulez l'avouer.

Vous connaissez trop bien la monotonie de ma vie pour attendre que je vous apprenne beaucoup de nouvelles, et vous savez que je dois maintenant me consacrer à l'étude sans interruption. Vous m'avez dit mille fois que je ne suis propre à faire mon chemin dans le monde qu'à force de pâlir sur les livres; il faut donc bien que j'y pâlisse.

Mon père semble supporter moins bien votre absence que dans les premiers momens qui suivirent votre départ : je crois qu'il s'aperçoit que nos repas solitaires n'ont plus cette gaieté que votre humeur légère y jetait ; et il éprouve cette mélancolie à laquelle on s'abandonne involontairement quand les rayons du soleil cessent d'embellir le paysage. Si votre éloignement produit sur lui un tel effet, vous pouvez vous figurer ce qu'il me fait éprouver, et combien je voudrais que votre fantaisie fût passée, et que vous fussiez de retour dans nos foyers.

Je reprends la plume, après quelques heures d'intervalle, pour vous dire qu'il vient d'arriver un incident sur lequel vous ne manquerez pas de bâtir cent châteaux en Espagne ; et moi-même, quoique je ne sois pas grand partisan de ces constructions sans base, je dois avouer qu'il donne lieu à de singulières conjectures.

Depuis quelque temps mon père me prend souvent avec lui quand il se rend aux cours de justice, tant il désire me voir initié aux formes techniques des affaires. Ce désir, porté à l'excès, me contrarie quelquefois un peu, tant à cause de lui que pour moi-même, parce que je crains qu'il ne nous rende ridicules l'un et l'autre. Mais qu'importe ma répugnance ? Mon père m'emmène ce matin chez son avocat consultant, homme fort instruit en jurisprudence. — Eh bien ! M. Crossbite, êtes-vous prêt pour la consultation, aujourd'hui ? Voici mon fils, destiné au barreau ; j'ai pris la liberté de l'amener pour qu'il voie comment se traitent les affaires.

M. Crossbite l'a salué en souriant, comme un avocat sourit au procureur qui l'emploie ; mais je suis sûr qu'il poussait sa langue contre sa joue, et qu'il a dit à la première grosse perruque qu'il a rencontrée : — De quoi diable s'avise ce vieux loup de Fairford de me lâcher aux jambes son louveteau?

Je restais debout près d'eux, et, comme j'étais trop contrarié du rôle puéril qu'on me faisait jouer, pour profiter beaucoup des observations savantes de M. Crossbite, je remarquai un homme d'un certain âge qui avait les yeux invariablement fixés sur mon père, comme s'il n'eût attendu que la fin de l'affaire qui l'occupait pour lui adresser la parole. Il me semblait trouver dans son air quelque chose qui commandait l'attention. Cependant sa mise n'était nullement dans le goût actuel, et quoiqu'elle eût pu jadis passer pour magnifique, elle était devenue antique et hors de mode. Il portait un habit de velours brodé, doublé en satin, une veste de soie violette, toute couverte de broderie, et des culottes pareilles à l'habit. Ses souliers à bout carré lui couvraient entièrement le coude-pied, et ses bas de soie étaient roulés au-dessus de ses genoux, comme on le voit sur les anciens tableaux, et sur quelques-uns de ces originaux qui se font un mérite de conserver les modes du temps de Mathusalem. Un chapeau sous le bras et une épée étaient le complément nécessaire d'un équipement qui, quoique hors de date, prouvait qu'il appartenait à un homme de distinction.

Il s'avança vers mon père aussitôt que M. Crossbite eut terminé ce qu'il avait à communiquer, et lui dit :

— Votre serviteur, M. Fairford ; il y a long-temps que nous ne nous sommes vus.

Mon père, dont vous savez que la politesse est précise et formelle, le salua, toussa eut un air d'embarras, et lui dit enfin que l'intervalle qui s'était écoulé depuis qu'il ne l'avait vu était si considérable, que, quoiqu'il se rappelât parfaitement ses traits, cependant il était vrai qu'il ne savait pas comment son nom s'était échappé de sa mémoire.

— Quoi! avez-vous oublié Herries de Birrenswork?

Mon père s'inclina encore plus profondément; et cependant je crus remarquer que l'accueil qu'il faisait à son ancienne connaissance perdait quelque chose de la civilité respectueuse qu'il lui avait témoignée quand il ignorait encore son nom. Il semblait qu'il ne lui restait que cette politesse des lèvres que le cœur refuserait si l'usage le permettait.

Néanmoins il salua profondément, comme je viens de le dire, et ajouta qu'il espérait que M. Herries de Birrenswork était en bonne santé.

— En si bonne santé, mon bon M. Fairford, que je suis venu ici déterminé à renouer connaissance avec un ou deux anciens amis, et en premier lieu avec vous. Je loge toujours au même endroit qu'autrefois. Il faut que vous veniez dîner aujourd'hui avec moi chez Paterson, au haut de Horse-Wynd. C'est près de votre nouvelle demeure, dans le quartier à la mode, et j'ai à vous parler d'affaires.

Mon père s'excusa respectueusement et avec quelque embarras : une affaire particulière ne lui permettait pas de sortir.

— En ce cas, j'irai dîner avec vous, dit M. Herries de Birrenswork; le peu de minutes que vous pourrez me donner après le dîner suffiront pour mon affaire, et ne vous empêcheront pas un moment de songer à la vôtre. Je ne suis pas homme de bouteille.

7.

Vous avez souvent remarqué que mon père, quoique scrupuleux observateur des rites de l'hospitalité, semble les accomplir comme un devoir plutôt que comme un plaisir; et il est très-vrai que, sans le désir consciencieux qu'il a d'accueillir l'étranger, et de nourrir celui qui a faim, sa table serait déserte beaucoup plus souvent qu'elle ne l'est. Jamais je n'avais vu une preuve plus prononcée de cette disposition caractéristique (et je pourrais vous reprocher de l'avoir *caricaturée* dans votre description) que dans la manière dont il homologua l'invitation que M. Herries s'était faite à lui-même.

— Nous attendrons l'honneur de votre compagnie dans Browns-Square, à trois heures, lui dit-il; mais l'air d'embarras et le sourire gauche qui accompagnaient ces paroles ne pouvaient tromper personne, et n'en imposèrent pas au vieux laird. Ce fut avec un regard de mépris qu'il lui répondit : — Je vous soulagerai de ma compagnie jusqu'à trois heures, M. Fairford; et toutes ses manières semblaient dire : — C'est mon bon plaisir de dîner avec vous, et je me soucie fort peu que cela vous plaise ou non.

Quand il fut parti, et que nous eûmes quitté M. Crossbite, je demandai à mon père qui était ce vieillard.

— Un homme malheureux.

— Il porte assez bien ses infortunes; je n'aurais jamais cru qu'un pareil habit couvrît le besoin d'un dîner.

— Qui vous a dit cela? En ce qui concerne la fortune, il est *omni suspicione major*. Il faut espérer qu'il en fait un bon usage, et pourtant ce serait la première fois de sa vie.

— Sa conduite a donc été irrégulière?

Mon père répondit à cette demande par le fameux brocard avec lequel il impose silence à quiconque lui fait une question qui lui déplaît, parce qu'elle a quelque rapport aux erreurs des autres. — Si nous voulons tous nous corriger de nos propres défauts, Alan, nous aurons assez d'ouvrage sans nous ériger en juges de ceux d'autrui.

Ici je me trouvai encore en faute; mais, ralliant toutes mes forces, j'ajoutai qu'il avait l'air d'un homme de haut rang et de bonne famille.

— Oui, sans doute, puisqu'il représente les Herries de Birrenswork, descendus de la grande et jadis puissante famille des Herries, dont la branche aînée s'est identifiée avec la maison de Nithesdale, à la mort de lord Robin-le-Philosophe, *anno Domini* 1667.

— Possède-t-il encore son domaine patrimonial de Birrenswork?

— Non; son père même n'en eut jamais que le nom. Le domaine avait été confisqué du temps d'Herbert Herries, parce qu'il avait suivi son parent le comte Derwentwater à l'affaire de Preston, en 1715. Mais ils continuent à en prendre le nom, s'imaginant sans doute pouvoir faire revivre leurs prétentions dans un temps plus favorable aux jacobites et aux papistes; et ceux qui ne partagent pas leurs folles idées veulent bien se prêter à cette fantaisie, *ex comitate*, sinon *ex misericordiâ*. Mais, quand il serait le pape et le Prétendant en même temps, il faut lui donner à dîner, puisqu'il a jugé à propos de s'inviter. Courez donc vite à la maison, mon garçon, et dites à Hannah, à la cuisinière Epps et à James Wilkinson, de faire de leur mieux, et vous préparerez une bouteille ou deux de mon meilleur vin, de celui de Maxwell. Voici la clef de la cave au vin. Vous savez qu'il est dans le cinquième compartiment. Ne laissez pas la clef dans la serrure : vous connaissez le faible du pauvre James, quoique ce soit une honnête créature, fort au-dessus de toute autre tentation ; et, comme il ne me reste que deux bouteilles d'eau-de-vie vieille, il faut les conserver pour un cas urgent, Alan.

Je partis, je fis tous les préparatifs; l'heure du dîner arriva, et M. Herries de Birrenswork fut fidèle à sa parole.

Si j'avais votre imagination créatrice et vos talens pour la description, Darsie, je pourrais vous faire ici un superbe portrait de cet étranger, un portrait mystérieux, sombre, à la manière de Rembrand, et qui serait aussi supérieur à celui que vous avez tracé de votre pêcheur, qu'un anneau d'une chaîne d'or l'est à une maille d'un filet à pêcher des harengs. Je puis vous assurer qu'on trouverait en lui de quoi décrire. Mais, connaissant mon incapacité, tout ce que je puis dire, c'est qu'il me parut souverainement désagréable et fort mal élevé. Non, mal élevé n'est pas le mot convenable. Il paraissait connaître parfaitement les usages de la bonne compagnie, et croire seulement que ceux avec qui il se trouvait n'étaient pas d'un rang à exiger qu'il les observât ; point de vue sous lequel sa conduite était infiniment plus offensante que si sa grossièreté fût venue d'un défaut d'usage ou d'éducation. Pendant que mon père disait le *benedicite*, il ne fit que siffler; et lorsque, d'après le désir de mon père, je prononçai les graces, il prit son cure-dent, comme s'il avait attendu ce moment pour s'en servir.

En voilà assez quant à l'Église; pour le roi, ce fut encore pis. Mon père, comme vous le savez, est toujours plein de déférence pour ses convives, et dans l'occasion présente il sembla désirer plus que jamais d'éviter toute cause d'altercation. Il compromit sa loyauté au point de proposer pour premier toast après le dîner, simplement la santé du roi, au lieu d'annoncer avec emphase, selon sa coutume, la santé du roi George. Notre convive fit un mouvement du bras, passa son verre derrière une carafe pleine d'eau qui était près de lui, et il ajouta : — De l'autre côté de l'eau.

La rougeur monta aux joues de mon père; mais il ne voulut pas avoir l'air d'avoir entendu. Le laird donna beaucoup d'autres preuves d'oubli des convenances, et presque de mépris dans ses manières et sa conversation; de sorte que, quoique je connusse les préjugés de mon père en faveur du rang et de la naissance, et que je susse que son esprit, si ferme sous tout autre rapport, n'a jamais pu secouer entièrement le joug d'une crainte servile des grands, classe qui dans sa jeunesse était si impérieuse, je pouvais à peine l'excuser d'endurer une telle insolence, car la chose allait jusque-là de la part d'un convive qui s'était invité lui-même chez lui.

On peut pardonner à un voyageur avec qui on est dans la même voiture s'il vous marche sur le pied par accident, ou même par négligence; mais il n'en est plus de même si, quand il sait qu'il vous a déjà froissé un cor, il continue à y appuyer lourdement ses bottes; en ce cas, moi qui suis homme de paix, je crois qu'il est difficile d'éviter une déclaration de guerre.

Je crois que mon père lut ma pensée dans mes yeux; car, tirant sa montre, il me dit : — Il est quatre heures et demie, Alan ; vous devriez déjà être dans votre chambre : Birrenswork voudra bien vous excuser.

Le laird branla la tête d'un air insouciant, et je n'avais plus aucun prétexte pour rester ; mais comme je sortais de l'appartement, j'entendis ce magnat de Nitherdale prononcer distinctement le nom de Latimer. Je m'arrêtai un instant ; mais un regard sévère de mon père m'obligea à me retirer ; et quand il me fit dire, une heure après, de descendre pour prendre le thé, notre convive était parti. Il avait affaire ce soir dans High-Street, et n'avait pas même eu le temps de boire le thé.

Je ne pus m'empêcher de dire que je regardais son départ comme un soulagement, tant son incivilité m'avait impatienté. — Qu'avait-il besoin, dis-je, de nous persifler sur notre changement de demeure pour nous placer dans un quartier de la ville plus agréable? Que lui importe si nous voulons nous procurer l'aisance et même le luxe d'une maison anglaise, au lieu de vivre, empilés les uns sur les autres, dans une maison de sept ou huit étages? Sa naissance patricienne et sa fortune aristocratique lui donnent-elles le droit de censurer ceux qui disposent comme bon leur semble des fruits de leur industrie?

Mon père prit une grosse prise de tabac, et me répondit :—Fort bien, Alan, fort bien, en vérité. Je voudrais que M. Crossbite ou l'avocat Pest vous eussent entendu ; ils auraient certainement reconnu que vous avez du talent pour l'éloquence du barreau ; et il n'est peut-être pas mal à propos de vous exercer de temps en temps ici pour acquérir de la hardiesse, et vous tenir en haleine ; mais, quant à tout ce qu'a dit ce M. Herries de Birrenswork, cela ne vaut pas une prise de tabac.

Croyez-vous que je me soucie de lui plus que de toute autre personne qui vient ici pour affaires? Mais, parce qu'il parle en oison véritable, ce n'est pas une raison pour que je le prenne à la gorge; laissons donc cela. A propos, je voudrais avoir l'adresse de Darsie Latimer, car il est possible que j'aie à lui écrire moi-même une ligne. Je n'en suis pourtant pas sûr; mais, à tout hasard, donnez-moi son adresse.

Je la lui ai donnée, et, par conséquent, si vous avez reçu des nouvelles de mon père, vous en savez probablement, sur le sujet de cette lettre, plus que moi, qui vous l'écris; mais, si vous n'en avez pas reçu, alors j'aurai rempli le devoir d'un ami en vous informant qu'il s'est certainement passé entre ce laird maussade et mon père quelque chose qui vous touche de près.

Adieu; et, quoique je vous aie donné un sujet pour rêver tout éveillé, prenez garde de construire un château trop lourd pour la fondation, qui, dans le cas dont il s'agit, n'est autre chose que le mot *Latimer*, prononcé dans une conversation entre un laird du comté de Dumfries et un procureur d'Édimbourg. *Cætera prorsùs ignoro.*

A. F.

LETTRE VI.

DARSIE LATIMER A ALAN FAIRFORD.

(Continuation des lettres III et IV.)

J'ai laissé ma narration à l'instant où, suivant mon hôte grave et sérieux, je sortais avec lui de sa maison. Je pouvais alors, beaucoup mieux que la nuit précédente, voir le vallon retiré dans lequel se trouvaient les deux ou trois chaumières qui semblaient être son domicile et celui de sa famille.

Ce vallon était si étroit dans sa profondeur, qu'aucun rayon du soleil du matin ne paraissait pouvoir y pénétrer avant que cet astre fût déjà bien élevé sur l'horizon; en regardant la partie la plus basse, on voyait un ruisseau rouler ses eaux écumantes à travers un bois taillis, comme un coursier impatient d'arriver au but; mais, en examinant le local avec plus d'attention, on pouvait apercevoir une chute d'eau briller à travers le feuillage, ce qui occasionait sans contredit la course précipitée du ruisseau. Un peu plus loin, son cours, devenu plus paisible, offrait une espèce de port à deux ou trois bateaux de pêcheurs, qui reposaient alors sur le sable, la marée s'étant retirée. Deux ou trois misérables cabanes entouraient ce petit havre, et servaient probablement de demeure aux propriétaires des bateaux; mais elles étaient inférieures, sous tous les rapports, à l'habitation de mon hôte, déjà assez misérable.

Je n'eus qu'une minute ou deux pour faire ces observations; et cependant, durant ce court espace de temps, mon compagnon montra des signes d'impatience, et s'écria plusieurs fois: — Cristal! Cristal Nixon! Enfin le vieillard que j'avais vu le soir précédent parut à la porte d'une des chaumières voisines, amenant le bon cheval noir dont j'ai déjà parlé, sellé et bridé. Mon conducteur fit un signe du doigt à Cristal; et, tournant derrière la chaumière, me conduisit vers le sentier escarpé, ou, pour mieux dire, le ravin qui joignait le vallon à la plaine.

Si j'avais bien connu la nature du chemin qu'on m'avait fait parcourir la veille avec tant de rapidité, je doute beaucoup que j'eusse hasardé cette descente; car on pouvait véritablement dire que c'était le lit d'un torrent, et il était alors en partie inondé, par suite de l'orage de la nuit précédente. Je gravis ce détestable chemin, non sans difficulté, quoique à pied, et je sentis la tête me tourner en remarquant, d'après quelques traces que la pluie n'avait pas effacées, que le cheval semblait presque avoir glissé sur ses hanches, la veille, en certains endroits.

Mon hôte sauta sur sa monture sans appuyer le pied sur l'étrier, et, en l'excitant, il eut bientôt pris l'avance sur moi dans cette montée périlleuse. Le coursier faisait jaillir de toutes parts l'eau et la boue sous ses pieds, et quelques bonds lui suffirent pour arriver sur le haut, où je rejoignis bientôt mon hôte. On aurait pu le comparer à une statue équestre ; le cheval, haletant et ouvrant ses larges naseaux au vent du matin ; le cavalier immobile, les yeux fixés vers les premiers rayons du soleil, qui commençait à se montrer du côté de l'orient et à dorer dans le lointain les montagnes du Cumberland et de Liddesdale.

Il semblait enfoncé dans une rêverie dont il sortit en tressaillant quand il me vit approcher. Mettant alors son cheval au pas, il me conduisit, par une mauvaise route sablonneuse, le long de ces dunes désertes et incultes, mêlées de marécages, qui ressemblent beaucoup aux environs de Shepherd's Bush. Dans le fait, tout le sol de ce canton, dans le voisinage de la mer, à l'exception d'un petit nombre d'endroits favorisés, offre le même caractère uniforme de stérilité.

Lorsque nous fûmes à une centaine de pas du ravin, nous eûmes une vue plus étendue de cette perspective rendue plus triste par le contraste des rives opposées du Cumberland, qui sont coupées par des milliers de rangées d'arbres croissant en haies, et ombragées de bosquets et de bois, des hameaux et des villages. Déjà même du faîte des toits on voyait s'élever de petits nuages de fumée (1) qui signalent l'existence des créatures humaines et les travaux de l'industrie.

Mon conducteur venait d'étendre le bras pour me

(1) Ce sont ces vapeurs *animées* du charbon de terre que Walter Scott regrette de ne pas voir flotter au-dessus de Paris. Voyez les *Lettres de Paul.* — Éd.

montrer le chemin de Shepherd's Bush, quand le bruit d'un cheval qui s'approchait de nous se fit entendre. Il tourna la tête sur-le-champ, et ayant vu celui qui s'approchait, il continua à me donner ses instructions, se mettant en même temps au beau milieu du chemin, qui, à l'endroit où nous nous étions arrêtés, était bordé d'un côté par un bourbier, et de l'autre par un banc de sable assez haut.

Le cheval qui avançait vers nous était au petit trot; mais je remarquai que son cavalier le mit au pas, comme s'il eût voulu rester en arrière ou du moins éviter de nous rencontrer à un endroit où la difficulté du passage devait nous mettre presque en contact ensemble. Vous connaissez mon faible, Alan, vous savez que je suis toujours disposé à faire attention à toute autre chose qu'à ce que me dit l'individu qui m'adresse la parole.

Par suite de ce penchant aimable, mon imagination cherchait quelle pouvait être la cause qui semblait faire désirer à ce cavalier de se tenir à quelque distance de nous, quand mon compagnon, élevant tout à coup la voix assez haut pour me faire sortir de ma distraction, s'écria : — Au nom du diable! jeune homme, pensez-vous que le temps ne soit pas plus précieux pour les autres que pour vous? Pourquoi m'obligez-vous à vous répéter trois fois la même chose? Je vous demande si vous voyez là-bas, à un mille environ de distance, quelque chose qui ressemble à un poteau, ou, pour mieux dire, à un gibet, auquel je voudrais qu'on pendît un homme distrait pour servir d'exemple aux autres. Ce poteau vous conduira à un pont sur lequel vous passerez le grand ruisseau. Marchez alors droit devant vous jusqu'à un endroit où la route se divise en embranchemens, près d'un gros tas de pierres. — Allez au diable! Voilà encore que vous ne m'écoutez pas!

Il faut dire qu'en ce moment le cavalier s'approchait de nous, et que tout en me mettant de côté pour lui faire place, mon attention s'était reportée sur lui. Il ne fallait que jeter un coup d'œil sur lui pour reconnaître qu'il appartenait à la Société des amis, ou, comme le monde les nomme, des *Quakers*. Son petit bidet gris, agile et vigoureux, prouvait par son embonpoint et son poil parfaitement lisse, que l'homme miséricordieux pour ses semblables l'est aussi pour sa monture, comme dit le proverbe. Tout son costume, sans offrir la moindre ostentation, montrait cette recherche de propreté qui caractérise ces sectaires. Son long surtout de fin drap gris lui descendait jusqu'au milieu de la jambe, et était boutonné jusqu'au menton pour le garantir de l'air du matin. Suivant l'usage, les bords de son grand chapeau n'étaient retenus ni par un bouton ni par une ganse, et ombrageaient sa physionomie douce et paisible, dont la gravité paraissait susceptible d'exprimer l'enjouement, et n'avait rien de commun avec l'air pincé qu'affectent en général les puritains et les dévots. Son front était ouvert; l'âge et l'hypocrisie n'y avaient pas tracé de rides. Son regard était calme, tranquille, et cependant paraissait troublé par une certaine hésitation, pour ne pas dire par la crainte; car, lorsqu'il fut près de nous, tout en prononçant le salut ordinaire : — Je te souhaite le bonjour, ami, — il tira d'un côté la bride de son palefroi, de manière à indiquer qu'il désirait nous gêner le moins possible en passant, à peu près comme agirait un voyageur à l'approche d'un mâtin des intentions pacifiques duquel il ne serait pas bien sûr.

Mais mon conducteur, ne voulant peut-être pas le laisser passer si facilement, mit son cheval en travers du chemin, de sorte qu'il était impossible au quaker d'avancer sans s'enfoncer dans le bourbier, ou sans gravir le banc de sable; or il ne pouvait faire ni l'un ni l'autre sans courir quelque hasard auquel il ne semblait pas avoir envie de s'exposer. Il s'arrêta donc, comme pour attendre que mon compagnon lui fît place, et, tandis qu'ils étaient en face l'un de l'autre, je ne pus m'empêcher de penser qu'on aurait pu les regarder comme un assez fidèle emblème de la paix et de la guerre; car quoique mon hôte fût sans armes, son air fier, sa taille droite et toutes ses manières annonçaient un soldat sans uniforme.

—Eh bien! ami Josué, dit-il au quaker, te voilà en chemin de bonne heure, ce matin. L'Esprit t'a-t-il inspiré, à toi et aux justes, tes frères, d'agir avec un peu d'honnêteté, et de retirer ces filets qui empêchent le poisson de remonter la rivière?

—Non, ami, sûrement non, répondit Josué avec fermeté, mais sans humeur; tu ne peux espérer que nos mains détruisent ce que nos bourses ont établi. Tu prends le poisson avec la ligne et la javeline, nous le prenons avec des filets, à la marée montante ou descendante. Chacun fait ce qui lui paraît le plus convenable pour s'assurer, dans les limites de sa propriété, une part des bénédictions que la Providence a répandues sur cette rivière. Je te prie donc de ne pas nous chercher querelle, car nous n'avons pas dessein de te faire tort.

—Soyez bien sûr, reprit mon compagnon, que je ne le souffrirai de la part de personne; et peu m'importe qu'un chapeau soit retroussé ou à larges bords. Je vous dirai clairement, Josué Geddes, que vous et vos associés vous employez des moyens illégaux pour détruire le poisson dans le Solway, avec vos filets à pieux et vos nasses ; et que nous, qui pêchons honorablement et en braves gens, comme le faisaient nos pères, nous trouvons tous les ans, et même tous les jours, moins d'amusement et de profit. Ne vous imaginez pas que la gravité et l'hypocrisie puissent toujours continuer à l'emporter comme par le passé. Le monde vous connaît, et nous vous connaissons. Vous détruirez les saumons qui font vivre cinquante pauvres familles, et alors vous irez prononcer un discours à votre conventicule. Mais ne comptez pas que cela puisse durer ; tenez-vous pour bien avertis ; nous tomberons sur vous un beau matin ; nous ne laisserons pas subsister un seul pieu dans le lit du Solway ; la marée les entraînera à la mer avec vos filets, et regardez-vous comme bien heureux si nous ne les faisons pas suivre par quelqu'un de vous.

— Ami, répliqua Josué avec un sourire contraint, si je ne savais que tu ne penses pas ce que tu viens de dire, je te répondrais que nous sommes sous la protection des lois de ce pays ; et nous n'en comptons pas moins sur cette protection, quoique nos principes ne nous permettent pas de repousser la violence par la violence.

— Tout cela n'est que lâcheté et jargon d'hypocrite, s'écria mon hôte ; c'est un manteau d'astuce pour couvrir votre cupidité.

— Ne dis pas lâcheté, ami, répondit le quaker ; car tu sais qu'il faut autant de courage pour endurer que pour résister. J'en prendrai pour juge ce jeune homme, ou qui tu voudras ; qu'il dise s'il n'y pas plus de lâcheté, même selon l'opinion de ce monde dont les pensées sont le souffle qui t'anime, de la part de l'oppresseur armé qui commet une injustice, que de celle de la victime sans défense qui la souffre avec courage.

— Je n'ai plus un mot à vous dire à ce sujet, reprit mon conducteur, qui, comme si le dernier argument de M. Geddes eût fait quelque impression sur lui, se dérangea alors pour le laisser passer; — mais n'oubliez pas que je vous ai averti, et ne comptez pas que vos belles paroles vous fassent pardonner vos mauvaises actions. Les filets dont vous vous servez sont contre la loi, ils ruinent notre pêche; et, à quelque risque que ce soit, nous les détruirons. Je suis homme de parole, ami Josué.

— Je l'espère ainsi; mais c'est une raison de plus pour que tu prennes garde de ne pas dire que tu feras ce que tu n'as pas dessein de faire; car je te dirai, ami, que, quoiqu'il y ait autant de différence entre toi et un des nôtres qu'il y en a entre un lion et un agneau, cependant je sais que tu as assez le caractère du lion pour dédaigner d'employer ta force et de faire tomber ta rage sur ce qui ne t'oppose aucune résistance : du moins c'est ainsi que la renommée parle de toi, si elle n'en dit guère autre chose.

— C'est ce que le temps fera voir. Mais écoute-moi, Josué : avant de nous séparer, je vais te donner le moyen de faire une bonne œuvre, ce qui vaut mieux que vingt beaux discours. Voici un jeune étranger pour la tête duquel le ciel a été si économe de cervelle, qu'il s'égarera encore sur les sables, comme il l'a fait la nuit dernière, à moins que tu ne sois assez bon pour le mettre sur le chemin de Shepherd's Bush; car c'est en vain que je me suis efforcé de le lui faire comprendre. As-tu assez de charité sous ta simplicité, quaker, pour lui rendre ce service?

— C'est toi qui en manques, ami, en supposant que quelqu'un puisse hésiter à faire une chose si facile.

—Tu as raison; j'aurais dû songer qu'il ne t'en coûtera rien. — Jeune homme, ce pieux modèle de la simplicité primitive va vous montrer le chemin de Shepherd's Bush (1). Oui, et il vous tondra comme un mouton si vous avez quelque chose à lui acheter ou à lui vendre.

Il finit par me demander combien de temps je comptais rester encore à Shepherd's Bush.

Je lui répondis que je l'ignorais moi-même. — Probablement aussi long-temps que je trouverai à m'amuser dans les environs.

—Vous aimez la pêche, je crois?

— Oui, mais je n'y suis pas fort habile.

— Si vous restez ici quelques jours, nous nous reverrons peut-être, et je pourrai vous donner une leçon.

Avant que j'eusse eu le temps de lui exprimer mon consentement ou mes remerciemens, il me fit ses adieux d'un signe de main, et retourna sur le bord de la vallée que nous venions de quitter, d'où je l'entendis appeler à haute voix quelqu'un de ceux qui l'habitaient.

Cependant le quaker et moi nous marchâmes quelque temps en silence, et il eut l'attention de mettre son cheval, qui semblait aussi paisible que son maître, à un pas qu'un moins bon marcheur que moi aurait pu suivre aisément. Il me regardait de temps en temps avec une expression de curiosité mêlée de bénignité. Je ne me

---

(1) Le buisson du berger. — Éd.

souciai pas de lui parler le premier, car je ne m'étais jamais trouvé en compagnie avec un homme de cette secte, et je craignais, en lui adressant la parole, de blesser quelqu'un de ses préjugés, quelqu'une de ses singularités. Je gardai donc le silence. Enfin il me demanda s'il y avait long-temps que j'étais au service du laird, comme on l'appelait.

— A son service! répétai-je avec un accent qui annonçait tant de surprise, qu'il s'écria aussitôt:

— Je n'ai pas eu dessein de t'offenser, ami : peut-être aurais-je dû dire dans sa compagnie, habitant sa maison.

— Je suis totalement inconnu à l'homme que nous venons de quitter, et notre liaison n'est que passagère. Il a eu la charité de me guider hors des sables hier soir, et de me donner un asile pendant la nuit contre la tempête. Voilà où notre connaissance a commencé, et probablement où elle finira ; car vous pouvez remarquer que notre ami n'est pas homme à encourager des projets d'intimité.

— Il l'est si peu, que je crois que tu es le premier être qu'il ait jamais reçu dans sa maison, à ce que je sache au moins, c'est-à-dire si tu y as véritablement passé la nuit.

— Pourquoi en douteriez-vous ? Je ne puis avoir aucun motif pour vous tromper, et le sujet n'en vaudrait pas la peine.

— Ne te fâche pas contre moi, ami ; tu dois savoir que tout le monde ne se renferme pas dans la simplicité de la vérité, comme nous tâchons humblement de le faire ; mais qu'on emploie souvent des paroles de mensonge non-seulement pour en tirer profit, mais pour faire des complimens, et quelquefois même pour s'amuser. J'ai entendu raconter diverses histoires de mon voisin : je n'en crois qu'une faible partie, et celles-là même ne sont pas faciles à concilier ensemble. Mais comme c'est la première fois que j'ai jamais entendu dire qu'il ait reçu chez lui un étranger, cette circonstance m'a inspiré quelques doutes, et je te prie de ne pas t'en offenser.

— Il ne paraît guère avoir le moyen d'exercer l'hospitalité : on peut donc l'excuser s'il ne la pratique pas dans les cas ordinaires.

— Cela veut dire, ami, que tu as fait un mauvais souper, et peut-être un plus mauvais déjeuner. Eh bien! nous sommes de deux milles plus près de mon petit établissement qu'on appelle Mont-Sharon, que de ton auberge, et quoique cela t'éloigne de la route directe de Shepherd's Bush, je crois qu'un peu d'exercice convient à ta jeunesse, comme un bon repas, quoique simple, à ton appétit. Qu'en dis-tu, mon jeune ami?

— Si cela ne vous gêne en rien, répondis-je ; car il me faisait cette invitation d'un ton cordial, et j'avais été obligé de prendre à la hâte mon déjeuner.

— Ne fais pas entendre le langage des complimens à ceux qui y ont renoncé. S'il était gênant pour moi de te recevoir, je ne t'aurais pas fait cette invitation.

—En ce cas je l'accepte dans le même esprit que vous me l'avez faite.

Le quaker sourit et me tendit la main ; je la serrai, et nous continuâmes à voyager avec beaucoup de cordialité de part et d'autre. Le fait est que je m'amusais beaucoup en faisant contraster dans mon esprit les manières ouvertes du bon Josué Geddes avec la conduite brusque, sombre et hautaine de mon hôte de la veille. Tous deux étaient ennemis de toute cérémonie ; mais la franchise du quaker avait un caractère de simplicité auquel se joignait un accent véritablement affectueux, comme si l'honnête Josué avait voulu suppléer par la simplicité à ce qui manquait aux formes extérieures de sa politesse. Au contraire, les manières de mon hôte étaient celles d'un homme à qui les règles de la civilité pouvaient être familières, mais qui par orgueil ou par misanthropie dédaignait de s'y soumettre. Cependant, quoique je trouvasse en lui bien des traits repoussans, je n'y pouvais penser qu'avec intérêt et curiosité, et je me promis bien que, dans le cours de ma conversation avec le quaker, j'apprendrais de lui tout ce qu'il pouvait savoir sur cet être singulier. Cependant il fit tomber la conversation sur un autre sujet, en me demandant quelle était ma situation dans le monde, et dans quel dessein j'étais venu sur cette frontière éloignée.

Je crus n'avoir besoin que de lui dire mon nom, et j'ajoutai que j'avais été élevé pour le barreau, mais que me trouvant une fortune à peu près indépendante, je m'étais permis depuis peu un voyage d'agrément, et que je m'étais arrêté à Shepherd's Bush pour goûter le plaisir de la pêche.

— Je ne te veux pas de mal, jeune homme, dit mon nouvel ami, en te souhaitant une meilleure occupation pour les heures consacrées à l'étude, et un amusement plus humain, s'il te faut des amusemens, pour celles que tu donnes à tes plaisirs.

— Vous êtes sévère, monsieur, lui répliquai-je ; je viens de vous entendre vous-même, il n'y a qu'un instant, invoquer la protection des lois du pays. Mais si les lois sont nécessaires, il faut des avocats pour les expliquer, et des juges pour les faire exécuter.

Josué sourit, et me montra un troupeau qui paissait sur les dunes que nous traversions. — Si un loup venait se jeter sur ces moutons, dit-il, tu les verrais accourir vers le berger et ses chiens, pour se ranger sous leur protection, quoique les uns les harassent et les mordent tous les jours, et que l'autre les tonde et finisse par les tuer et les manger. Mais que ma comparaison ne te choque pas : quoique les lois et les hommes de loi soient des maux nécessaires dans l'état de société où nous vivons, et ils le seront jusqu'à ce que les hommes apprennent à rendre à leurs semblables ce qui leur est dû suivant les lumières de leur conscience, et sans impulsion étrangère ; je dirai même que j'ai connu des gens de bien qui ont suivi avec honneur et droiture la profession à laquelle tu te destines. Il n'en est que plus grand le mérite de ceux qui marchent d'un pas sûr dans un sentier que tant d'autres trouvent si glissant.

— Et il me paraît que vous désapprouvez aussi l'amusement de la pêche, vous qui, si j'ai bien compris ce qui vient de se passer entre vous et mon ci-devant hôte, êtes vous-même propriétaire d'un droit de pêche qui paraît considérable.

— Non pas propriétaire, mon jeune ami : je ne suis que locataire, conjointement avec d'autres, de quelques bonnes pêcheries de saumon, un peu plus bas vers la côte. Mais comprends-moi bien : le mal que je trouve à la pêche, et à tous les amusemens, comme on les appelle, qui ont pour but et pour objet les souffrances des animaux, n'est pas de prendre et de tuer des êtres que la bonté de la Providence a placés sur la terre pour l'utilité de l'homme, mais de se faire de leur agonie prolongée une source de jouissances. Il est très-vrai que je dirige l'établissement de ces pêcheries, que je fais prendre, tuer et vendre le poisson; et, si j'étais fermier, j'enverrais de la même manière mes moutons au marché; mais j'aimerais autant chercher mon amusement dans le métier de boucher que dans celui de pêcheur.

Cette discussion n'alla pas plus loin; quoique je pensasse qu'il y avait un peu trop de rigueur dans ses argumens, cependant, comme je n'avais pas à me reprocher d'avoir pris beaucoup de plaisir à la chasse et à la pêche, si ce n'est en théorie, je ne me crus pas obligé de m'opiniâtrer à justifier un amusement qui m'en avait procuré si peu.

Nous arrivions près du reste d'un vieux poteau que mon hôte m'avait montré de loin comme une marque vers laquelle je devais me diriger. Là un pont de bois à demi ruiné, soutenu par des pieux ressemblant à des béquilles, me servit à passer l'eau, tandis que mon nouvel ami remonta plus haut pour chercher un gué, à cause de la crue considérable des eaux.

J'attendais qu'il vînt me rejoindre, lorsque j'aperçus à peu de distance un pêcheur qui prenait truite sur truite avec sa ligne, et j'avoue qu'en dépit du discours de Josué en faveur de l'humanité, je ne pus m'empêcher de porter envie à son adresse et à son succès, tant l'amour de cet amusement comme l'amour de la chasse nous est naturel; tant nous sommes portés à attacher une idée de plaisir au succès que nous y obtenons; tant nous aimons à mériter les éloges dus à l'agilité et à l'adresse!

Dans ce pêcheur fortuné je reconnus bientôt le petit Benjie, qui, comme vous l'avez vu dans mes lettres précédentes, avait été mon guide et mon précepteur dans ce bel art. Je l'appelai, je sifflai ; le drôle me reconnut, et tressaillant comme un coupable, il sembla hésiter s'il devait s'enfuir ou s'approcher. Il prit enfin le dernier parti, et quand il fut près de moi, ce fut pour m'assaillir les oreilles en me rendant à grands cris un compte exagéré de l'inquiétude universelle que mon absence avait occasionée à Shepherd's Bush. Mon hôtesse avait pleuré ; Sam et le garçon d'écurie n'avaient pu se résoudre à se coucher, et avaient passé la nuit à boire ; lui-même était parti bien avant le lever du soleil pour me chercher partout.

— Et c'était sans doute dans l'espoir de me trouver dans la rivière, que vous y pêchiez à la ligne? lui dis-je.

Cette observation fut suivie d'un long n...o...n... prononcé en traînant, et du ton de celui qui se sent démasqué ; mais avec son impudence naturelle et sa confiance en ma bonhomie, Benjie ajouta sur-le-champ qu'il avait pensé que je ne serais pas fâché d'avoir une truite ou deux pour mon déjeuner, et que, l'eau étant favorable pour le frai du saumon, il n'avait pu s'empêcher de jeter la ligne une fois ou deux.

Tandis que nous étions occupés de cette discussion, l'honnête quaker reparut de l'autre côté de l'eau. Il me dit qu'il n'avait pu trouver aucun endroit où le ruisseau fût guéable en ce moment, et qu'en conséquence il serait obligé de remonter jusqu'au pont de pierres qui était à un mille et demi au-delà de sa maison. Il commençait à me donner des instructions sur la route que je devais suivre pour m'y rendre sans lui, et me disait de m'adresser à sa sœur en y arrivant, quand je lui fis

observer que s'il voulait confier son cheval au petit
Benjie, l'enfant pourrait le conduire par le pont de
pierres, tandis que nous prendrions ensemble un chemin plus court et plus agréable.

Josué secoua la tête; car il connaissait parfaitement
Benjie, qui, dit-il, était le pire des petits vauriens de
tous les environs. Cependant, pour ne pas se séparer de
moi, il consentit à lui confier son cheval pour un temps
qui ne devait pas être bien long. Mais il lui fit une sévère injonction de ne pas s'aviser de monter Salomon
(c'était le nom de son bidet), en lui recommandant de
le conduire tranquillement par la bride, avec la promesse d'une pièce de six pence s'il exécutait fidèlement
ses ordres, et en le menaçant de le bien étriller s'il lui
arrivait de les transgresser.

Les promesses ne coûtaient rien à Benjie, et il en fit
plus qu'on ne lui en demandait. Enfin le quaker lui remit la bride entre les mains, en lui répétant ses injonctions, et en levant l'index de sa main droite pour leur
donner une nouvelle force. De mon côté je dis à Benjie
de laisser à Mont-Sharon le poisson qu'il avait pris, regardant en même temps mon nouvel ami d'un air qui
sentait le besoin que je pouvais avoir d'apologie; car je
ne savais pas trop si l'ordre que je venais de donner
plairait à un homme qui venait de condamner si sévèrement la pêche.

Il me comprit sur-le-champ, et me rappela la distinction qu'il faisait, en pratique, entre tuer les animaux pour le plaisir cruel de les tuer, et les mettre à
mort légalement et légitimement pour en faire sa nourriture. Sur ce dernier point il n'avait pas de scrupules;
il m'assura au contraire qu'on pêchait dans ce ruisseau

la véritable truite saumonée, si estimée de tous les connaisseurs, et que, lorsqu'on la mange une heure après qu'elle a été prise, la chair a une fermeté particulière, et une saveur délicate qui en fait un plat fort agréable pour déjeûner, surtout, dit-il, quand on a, comme nous, gagné de l'appétit en se levant de bon matin, et en faisant une heure ou deux d'exercice salutaire.

Mais, au risque de vous alarmer, Alan, je vous dirai que nous ne mangeâmes pas notre poisson sans avoir eu une autre aventure. Ce n'est donc que pour ne pas épuiser votre patience, et par égard pour mes yeux, que je m'arrête en ce moment, remettant le reste de mon histoire à ma prochaine lettre.

D. L.

LETTRE VII.

LE MÊME AU MÊME.

Le petit Benjie ayant passé l'eau et saisi la bride du bidet, le conduisit le long de la rive gauche, tandis que le quaker et moi nous côtoyions la droite, comme l'infanterie et la cavalerie de la même armée, occupant les deux bords d'une rivière et marchant sur une même ligne. Mais, tandis que mon digne compagnon me disait que nous aurions une promenade agréable sur une pelouse de verdure jusqu'à Mont-Sharon, Benjie, à qui il avait été enjoint de rester toujours en vue, trouva à propos de dévier du chemin qui lui avait été indiqué, et, tournant sur la droite, il disparut tout à coup avec Salomon.

— Le misérable a dessein de le monter! s'écria Josué avec une vivacité qui n'était pas tout-à-fait d'accord avec ses protestations de patience à toute épreuve.

Lui voyant le front couvert d'une sueur froide qu'il

essuyait avec son mouchoir, je tâchai de calmer ses craintes en lui disant que si l'enfant montait le bidet, il aurait soin, pour sa propre sûreté, de le conduire avec douceur.

— Vous ne le connaissez pas, dit Josué, rejetant toute consolation ; lui, faire quelque chose avec douceur ! Non ! il mettra Salomon au galop; il épuisera la patience du pauvre animal qui m'a porté si longtemps! Oui, j'ai été abandonné à ma propre faiblesse quand j'ai souffert qu'il touchât la bride, car jamais avant lui on n'a vu un pareil mécréant dans le pays.

Il se mit à faire l'énumération de tous les crimes dont il accusait Benjie. Il était soupçonné d'avoir tendu des lacs aux perdrix ; il avait été surpris par Josué lui-même à chasser des oiseaux à la glu. Il était convaincu d'avoir forcé plusieurs chats à la course, à l'aide d'un basset qui le suivait, et qui était aussi maigre, aussi affamé et aussi malicieux que son maître. Enfin, on l'accusait d'avoir volé un canard dans une basse-cour, pour avoir le plaisir de le chasser sur la rivière avec ledit basset, qui avait autant de zèle et d'adresse sur l'eau que sur la terre.

Je dis comme le quaker, afin de ne pas l'irriter davantage, et j'ajoutai que, d'après l'expérience que j'en avais faite moi-même, je l'abandonnerais volontiers comme un vrai rejeton de Satan. Josué Geddes blâma sur-le-champ cette expression comme exagérée, et ne devant pas sortir de la bouche d'une personne réfléchie. Je cherchais à m'excuser en lui disant que j'avais cru me servir des termes qui se trouvent dans la bouche de tout le monde, lorsque nous entendîmes de l'autre côté du ruisseau un certain bruit qui semblait annoncer que

Salomon et Benjie n'étaient pas d'accord ensemble. Les monticules de sable derrière lesquels Benjie avait passé ne nous avaient pas permis de voir qu'il s'était mis en selle; et c'était sans doute dans ce dessein qu'il avait pris ce chemin détourné. En poussant alors Salomon au grand trot, ce qui arrivait rarement au grave propriétaire du pauvre bidet, ils avaient pourtant cheminé ensemble en bonne intelligence, jusqu'auprès du gué où Josué avait inutilement voulu passer.

Là, une différence d'opinion s'éleva entre le cheval et le cavalier. Le dernier, suivant les instructions qu'il avait reçues, voulait conduire Salomon vers le pont de pierres, qui était beaucoup plus loin; mais Salomon était d'avis que le gué était le plus court chemin pour le faire arriver à son écurie. Le point fut vivement contesté, nous entendions Benjie siffler, jurer, et par-dessus tout faire claquer son fouet, tandis que Salomon, fidèle à ses habitudes, mais perdant toute patience, ruait, reniflait, renâclait; et ce double bruit n'apprenait que trop à Josué quel était l'état des choses, quoiqu'il lui fût impossible de rien voir.

Cédant alors à ses alarmes, le quaker se mit à crier à haute voix : — Benjie, petit misérable! Salomon! Vieux fou que je suis. Mais, au même instant, Benjie et Salomon se montrèrent à nos yeux au grand galop, Salomon ayant décidément remporté la victoire dans cette altercation, et entraînant bon gré mal gré son cavalier vers le gué, où il entra sans balancer.

Jamais colère ne se changea si promptement en crainte inspirée par l'humanité. — Le drôle va se noyer! s'écria mon digne compagnon; c'est le fils d'une veuve, son fils unique, noyé. Laissez-moi donc! — Car je luttais en ce moment contre lui pour l'empêcher de se jeter lui-même dans le gué.

Dans le fait, je n'avais aucune crainte pour Benjie; car, quoiqu'il fût hors d'état de venir à bout d'un cheval récalcitrant, le jeune vaurien s'y tenait accroché comme un singe. Tous deux traversèrent le gué, sinon tout-à-fait sans danger, du moins sans accident, et dès qu'ils furent sur la rive droite, ils prirent le galop.

Il était impossible de décider en ce moment si Benjie s'enfuyait avec Salomon, ou si Salomon emportait Benjie; mais les jugeant d'après leur caractère et leurs motifs respectifs, je crus que la première hypothèse était la plus probable. Je ne pus même m'empêcher de sourire quand je vis le drôle, faisant une grimace de terreur et de plaisir, passer rapidement près de moi, perché sur le pommeau de la selle, tenant la bride d'une main, et accroché de l'autre à la crinière du cheval; tandis que Salomon, rongeant son frein et la tête baissée presque entre ses jambes, s'abandonnait à un galop qui ne lui était nullement ordinaire.

— Le maudit scélérat! s'écria le quaker, à qui l'intérêt qu'il prenait à son bidet fit perdre sa modération habituelle; le gibier de potence! il rendra Salomon poussif, rien n'est plus sûr.

Je l'engageai à se rassurer; je lui dis qu'un temps de galop ne ferait aucun mal à son favori, et lui rappelai qu'il m'avait blâmé un moment auparavant pour avoir donné à l'enfant une épithète un peu dure.

Mais Josué ne resta pas sans réponse. — Mon jeune ami, me dit-il, tu parlais de l'ame de ce jeune homme; tu affirmais qu'elle appartenait au grand ennemi des hommes, et c'est ce dont tu ne peux parler avec connaissance certaine ; moi, au contraire, je ne parle que de son enveloppe extérieure, qu'on verra certainement figurer au bout d'une corde s'il ne change de conduite. Tout jeune qu'il est, on dit qu'il fait partie de la bande du laird.

— De la bande du laird! répétai-je avec surprise. Voulez-vous parler de l'homme chez qui j'ai couché la nuit derrière? Il me semble que je vous ai entendu le nommer le laird. Est-il à la tête d'une bande?

— Je ne voulais pas dire précisément une bande, répondit le quaker, qui, dans un premier mouvement, paraissait s'être avancé plus loin qu'il n'en avait l'intention ; j'aurais dû dire qu'il était de sa compagnie, de son parti. Mais voilà ce qui arrive aux hommes les plus sages, ami Latimer, lorsqu'ils se laissent emporter par la passion, et que, comme s'ils avaient le délire de la fièvre, ils parlent avec la langue de l'imprudent et de l'insensé. Et quoique tu aies été un peu prompt à remarquer ma faiblesse, je ne suis pas fâché que tu en aies été le témoin, car le sage qui trébuche donne à la jeunesse et à l'inexpérience une leçon qui peut lui être plus utile que la chute de celui qui est dépourvu de raison.

C'était une sorte d'aveu de ce que j'avais déjà commencé à soupçonner, c'est-à-dire que la bonté naturelle de mon nouvel ami et le quiétisme religieux de sa secte n'avaient pas suffi pour réprimer entièrement la fougue d'un caractère vif et impétueux par tempérament.

En cette occasion, comme s'il eût senti qu'il avait montré plus d'émotion qu'il ne l'aurait dû, d'après ses principes, Josué ne parla plus de Benjie ni de Salomon, et dirigea mon attention sur les beautés de la nature qui nous environnaient, et dont l'intérêt redoublait à mesure que nous avancions le long des sinuosités décrites par le ruisseau. Nous avions quitté les dunes pour entrer dans un pays bien cultivé, où des terres labourables et de beaux pâturages se divisaient en enclos fermés par des haies, et auxquels des bouquets d'arbres donnaient une variété agréable. Descendant ensuite presque sur le bord du ruisseau, nous passâmes par le tourniquet d'une barrière, et nous entrâmes dans un sentier bien entretenu, dont les deux côtés étaient ornés d'arbres et d'arbustes à fleurs, des espèces les plus capables de résister aux rigueurs des saisons; enfin, suivant une montée douce, nous sortîmes de cette sorte de bosquet, et nous nous trouvâmes presque tout à coup en face d'une maison peu élevée et de forme irrégulière, mais en fort bon état. Mon guide, me secouant alors cordialement la main, me dit que j'étais le bienvenu à Mont-Sharon.

Le bois à travers lequel nous nous étions approchés de cette petite habitation s'étendait au nord et au nord-ouest, mais différentes percées laissaient entrevoir quelques champs bien arrosés et abrités. La façade de la maison était au sud-est, et le jardin descendait de là jusqu'au bord du ruisseau. J'appris ensuite que le père du propriétaire actuel avait eu beaucoup de goût pour le jardinage; que son fils en avait hérité, et que tous deux avaient formé ce jardin, dont les gazons bien tondus, les allées sinueuses, les arbres et les arbrisseaux exotiques, le mettaient fort au-dessus de tout ce qu'on voyait en ce genre dans les environs.

S'il y avait un peu de vanité dans le sourire de satisfaction avec lequel Josué Geddes me vit regarder, d'un air enchanté, une scène si différente de celle que m'avait offerte le désert aride que nous venions de traverser ensemble, on pouvait l'excuser dans un homme qui, en cultivant et en perfectionnant les beautés de la nature, y avait trouvé, comme il le disait, un exercice utile pour la santé du corps et une distraction agréable pour l'esprit. Au bout du jardin, le ruisseau formait un grand demi-cercle qui lui servait de limites. L'autre rive ne faisait point partie de la propriété de Josué, mais le ruisseau y était bordé par un rocher de pierre calcaire qui semblait une barrière que la nature avait placée pour protéger ce petit Eden, où tout était beauté, paix et bonheur.

— Mais, au milieu de ton admiration des beautés de notre petit héritage, me dit le quaker, je ne dois pas te laisser oublier que tu n'as fait qu'un léger déjeuner.

En parlant ainsi il me conduisit vers une petite porte qui s'ouvrait sous un porche tapissé de clématite et de chèvre-feuille, et me fit entrer dans une salle de moyenne grandeur, dont le mobilier, par sa simplicité et par une recherche de propreté presque excessive, faisait reconnaître la secte à laquelle le propriétaire appartenait.

Il est généralement reconnu qu'Hannah, chez votre père, fait exception à toutes les femmes de charge d'Écosse, et qu'elle n'a pas sa pareille pour la propreté parmi toutes les femmes d'Auld Reekie (1); mais la propreté d'Hannah n'est rien, absolument rien, auprès de l'attention scrupuleuse qu'ont à cet égard les quakers, qui semblent porter dans les soins secondaires de la vie

---

(1) Nom populaire d'Édimbourg. — ÉD.

cette rigueur consciencieuse qu'ils affectent dans leurs mœurs.

Cet appartement aurait été sombre, car les croisées en étaient fort petites et le plafond en était peu élevé ; mais Josué avait trouvé le moyen de l'éclairer par une grande porte vitrée donnant sur une petite orangerie dont tout le toit était vitré pareillement. Jamais je n'avais vu jusqu'alors cette manière de réunir les beautés d'un jardin à la commodité d'un appartement, et je suis surpris que les riches n'aient pas adopté cette mode. J'emprunte cette idée à un des numéros du *Spectateur* (1).

Comme j'avançais vers l'orangerie pour la considérer de plus près, la cheminée attira mon attention. C'était une espèce de construction hors de toute proportion avec la grandeur de l'appartement. Au milieu de la pièce transversale qui en formait le haut, des armoiries avaient été sculptées autrefois, car le marteau ou le ciseau dont on s'était servi pour les détruire avait respecté la pieuse devise : *Confiance en Dieu.* Vous savez que les *lettres gothiques* sont ma passion, et qu'il y a longtemps que j'ai su déchiffrer sur les pierres sépulcrales du cimetière des Frères-Gris tout ce qu'elles pouvaient nous apprendre sur les morts oubliés qui y reposent.

Josué Geddes me regarda quand il me vit contempler ce reste d'antiquité : — Tu ne peux lire ces mots ? me dit-il.

Je les lui lus tout haut, et j'ajoutai que je croyais apercevoir en-dessous les vestiges d'une date.

— Ce devrait être en 1537, dit-il ; car mes ancêtres

(1) Numéro 414, signé O. (Addison), qui fait partie du *Traité sur les plaisirs de l'imagination.* — Éd.

étaient déjà alors, sous le règne du papisme, propriétaires de ce petit domaine; et ce fut en cette année que cette maison fut construite.

— Votre famille remonte bien haut, dis-je en regardant ce monument d'un air respectueux; je regrette la mutilation qu'on a commise en détruisant les armoiries.

Il était peut-être difficile à mon ami, tout quaker qu'il était, de paraître tout-à-fait indifférent à la longue généalogie dont il se mit à me raconter l'histoire, tout en se défendant d'être sensible à la vanité qu'on y attache ordinairement; en un mot, avec l'air de mélancolie, de regret et de dignité que prenait Jack Fawker au collège, quand il nous parlait de celui de ses ancêtres si fameux dans la conspiration des poudres.

— Vanité des vanités! dit l'Ecclésiaste, et répéta Josué Geddes de Mont-Sharon. Si nous ne sommes rien nous-mêmes aux yeux du ciel, quel doit être le néant de la gloire qu'on tire des vieux ossemens réduits en poussière, dont l'ame qui les animait est allée depuis long-temps rendre le compte qu'elle devait! Oui, ami Latimer, mes ancêtres étaient renommés parmi les hommes barbares et sanguinaires qui demeuraient alors dans ce malheureux pays. Ils se rendirent si célèbres par le succès qu'ils obtinrent dans toutes leurs excursions de pillage et de brigandage, en répandant des torrens de sang, qu'on leur donna le surnom de Geddes pour les comparer au poisson que les Anglais appellent *jack-pike* ou *luce*, et que nous appelons *ged* dans notre langue (1); distinction bien honorable pour des chrétiens! et cependant ils firent graver sur leurs boucliers

---

(1) Brochet. — Éd.

ce requin d'eau douce ; et ces prêtres profanes d'une idolâtrie impie, ces instrumens de vanité, qu'on nomme des hérauts d'armes, qui font des images de poissons, d'oiseaux et de quadrupèdes, pour que les hommes tombent à genoux devant elles et les adorent, placèrent un *ged* dans les armoiries de mes pères, et le gravèrent sur leurs cheminées et sur leurs sépultures. Ces hommes orgueilleux n'en devinrent que plus semblables au *ged*, et ils continuèrent à massacrer leurs semblables, à les réduire en captivité, à partager leurs dépouilles ; au point qu'on donna à leur habitation le nom de *Sharing-Knowe* (1), parce que c'était là qu'ils faisaient avec leurs complices le partage du butin. Mais un jugement plus sain fut accordé au père de mon père, Philippe Geddes (2), après avoir inutilement cherché la vraie lumière à quelques-uns des feux follets que la vanité faisait alors paraître dans quelques conventicules et dans certaines maisons à clocher, il eut enfin le bonheur d'obtenir une étincelle à la lampe du bienheureux George Fox, qui, comme il le dit lui-même, vint en Écosse pour répandre la clarté parmi les ténèbres, aussi abondamment que les étincelles qu'on voit jaillir sous les pieds du cheval galopant sur une route pierreuse.

Ici le bon quaker s'interrompit, en ajoutant : — Et a propos de cela, il faut que j'aille voir sur-le-champ dans quel état est arrivé Salomon.

Un domestique quaker entra en ce moment, appor-

---

(1) Mont du Partage. — Éd.

(2) Ce fut un orfèvre de ce nom qui inventa, à Édimbourg, la stéréotypie avant 1739. M. Ch. Nodier possède dans sa précieuse bibliothèque particulière deux exemplaires d'un Salluste imprimé par Gul. Ged 1739. — Éd.

tant quelques préparatifs pour le déjeuner; et faisant une inclination de tête à son maître, mais non pas de la manière dont on salue ordinairement, il lui dit d'un ton calme : — Tu es le bienvenu, ami Josué; nous ne t'attendions pas de si bonne heure; mais qu'est-il donc arrivé à ton cheval Salomon ?

— Comment! que lui est-il arrivé? l'enfant qu'on appelle Benjie ne l'a-t-il pas ramené ici?

— Il l'a ramené, mais d'une manière fort étrange, car il est arrivé en galopant comme un furieux; et, en entrant dans la basse-cour, Salomon l'a renversé sur le tas de fumier.

— J'en suis charmé, charmé de cœur et d'esprit! Mais un instant, c'est le fils de la veuve, l'enfant n'est-il pas blessé?

— Nullement, il s'est relevé sur-le-champ et s'est enfui.

Josué murmura à demi-voix le mot *étrivières*, et demanda dans quel état se trouvait Salomon.

— Il est entouré de vapeurs comme le chaudron qui bout sur le feu. Bauldie le promène à la laisse dans la basse-cour, de peur qu'il ne se refroidisse trop vite.

M. Geddes courut dans sa basse-cour pour voir de ses propres yeux la situation de son coursier favori, et je l'y suivis pour lui offrir mes conseils en qualité de *jockey*. Ne riez pas, Alan ; sûrement j'ai assez de connaissances en équitation pour donner des avis à un quaker, dans une circonstance si embarrassante.

Le jeune homme qui promenait le cheval ne paraissait pas être quaker, quoique son commerce habituel avec la famille eût imprimé sur ses traits quelque chose de la gravité solennelle de cette secte. Il assura à Josué que son cheval était en bon état, et j'ajoutai même que l'exercice qu'il avait fait ne pouvait que lui être utile. Salomon hennit en voyant son maître, et se frotta la tête contre l'épaule du digne quaker, comme pour l'assurer aussi de sa bonne santé. Josué retourna donc plus tranquille dans l'appartement, où l'on allait servir le déjeuner.

J'ai appris depuis que l'affection de Josué pour son bidet est regardée comme excessive par quelques individus de sa secte, et il est sévèrement blâmé d'avoir permis qu'on le nommât Salomon, et même qu'on lui donnât un nom quelconque; mais il a tant d'influence sur les siens, il en est si respecté, qu'on ferme les yeux sur ce faible.

Pendant que le vieux domestique Jehoiachim allait et venait, de manière à faire croire que les apprêts du déjeuner ne finiraient jamais, M. Geddes m'apprit que son aïeul Philippe, celui que George Fox avait converti, souffrit beaucoup des persécutions qu'on dirigeait de toutes parts, dans ce temps d'intolérance, contre ces innocens sectaires; et qu'une grande partie des biens de sa famille avait été dilapidée. Mais des jours plus heureux avaient lui sur le père de Josué, qui, ayant pris une épouse dans une riche famille de quakers du comté de Lancastre suivit, avec succès différentes branches de commerce. Il avait racheté quelques portions du domaine de ses ancêtres, et en avait changé le nom de Sharing-Knowe, pour le nom plus évangélique de Mont-Sharon (1).

Le père de mon hôte, comme je l'ai déjà dit, avait le

(1) Le *Sharon* ou *Saron* de la Bible. — ÉD.

goût du jardinage et des fleurs, goût assez commun parmi la secte paisible à laquelle il appartenait. Il démolit les restes du vieux château fortifié, fit construire en sa place une maison moderne, et en conservant le foyer de ses ancêtres en mémoire de leur hospitalité, et la pieuse devise qu'ils avaient prise par hasard, il ne manqua pas de détruire les emblèmes mondains et militaires de l'art héraldique, qui attestaient le rang qu'ils avaient occupé dans le monde.

Quelques minutes après que M. Geddes eut fini de me faire part de tous ces détails, sa sœur Rachel, qui forme avec lui tout ce qui reste aujourd'hui de sa famille, entra dans l'appartement. Elle a l'air infiniment agréable, et quoique elle ait bien certainement trente ans au moins, elle conserve encore la taille et les manières d'un âge moins avancé. L'absence de tout ornement, ou de tout ce qui aurait pu paraître un sacrifice aux modes, était réparée chez elle, suivant l'usage, par la propreté la plus recherchée. Le simple bonnet serré sur sa tête convenait parfaitement à des yeux qui avaient la douceur et la simplicité de ceux de la colombe. Ses traits, naturellement fort agréables, avaient souffert quelques ravages de la part de cet ennemi déclaré de la beauté, la petite vérole; désavantage que contre-balançaient en partie une bouche charmante, des dents blanches comme des perles, et un sourire enchanteur qui semblait souhaiter un bonheur temporel et éternel à tous ceux à qui elle adressait la parole. Vous ne pourrez tirer ici aucune de vos sottes conclusions, Alan, car je viens de vous donner un portrait en pied de Rachel Geddes. Vous ne pourrez donc pas dire dans le cas dont il s'agit, comme vous l'avez fait dans la lettre que je viens de recevoir, que je le trace en deux mots parce que je crains de m'appesantir sur les détails. Mais nous reviendrons sur ce sujet.

Nous nous mîmes à déjeuner après un *benedicïte*, ou, pour mieux dire, une prière *ex tempore* que Josué prononça, et que l'Esprit lui inspira de prolonger plus long-temps que je ne l'aurais désiré; et je me mis alors à faire honneur au bon repas du matin avec une ardeur dont vous n'avez pas été témoin depuis que vous ne déjeunez plus avec Darsie Latimer. Le thé, le chocolat, les œufs, le jambon, la pâtisserie, sans parler du poisson grillé, disparaissaient avec une rapidité dont le bon quaker et sa sœur semblaient émerveillés; et cependant ils garnissaient mon assiette à l'envi l'un de l'autre, comme s'ils eussent voulu voir s'il leur serait possible de rassasier mon appétit.

Je reçus cependant une petite leçon qui me rappela en quelle compagnie je me trouvais. Miss Geddes m'avait offert une tranche de gâteau que je refusai dans le moment. Quelques instans après, le plat étant à ma portée, j'en pris une moi-même, et je venais de la déposer sur mon assiette, quand mon hôte Josué, non pas avec l'air du docteur de Sancho, Tirtea Fuera (1), mais avec un calme et une gravité imperturbables, la reprit sur mon assiette, et la remit sur le plat, en disant seulement : — Tu l'as déjà refusée, ami Latimer.

Ces bonnes gens, Alan, n'ont aucun égard pour ce que votre bon père appelle le privilège des gens d'Aberdeen : le droit de revenir sur sa parole; droit que le sage appelle *seconde pensée*.

(1) Dans l'île de Barataria. — Éd.

A l'exception de cette légère circonstance qui me fit sentir que j'étais au milieu d'une famille formaliste, il n'y eut rien de particulier dans l'accueil que je reçus, à moins que ce ne soit la bonté uniforme et empressée qui accompagnait toutes les attentions de mes nouveaux amis, comme s'ils eussent voulu me prouver que leur mépris pour les complimens mondains, prohibés par leur secte, ne tendait qu'à rendre leur hospitalité plus sincère. Enfin, mon appétit se trouva satisfait, et le digne quaker, qui en avait regardé les effets avec un air de satisfaction, adressa la parole à sa sœur.

— Ce jeune homme, Rachel, a passé la nuit dernière sous les tentes de notre voisin, qu'on appelle le laird. Je suis fâché de ne pas l'avoir rencontré dans la soirée, car notre voisin exerce trop rarement l'hospitalité pour avoir les moyens de faire bon accueil à un étranger.

— Fort bien, Josué, répondit Rachel, mais si notre voisin a pu rendre un service, il ne faut pas lui envier l'occasion qu'il en a trouvée. Si notre jeune ami n'a pas eu toutes ses aises la nuit dernière, il en jouira mieux du bien que la Providence peut lui réserver.

— Et pour qu'il en jouisse à loisir, dit Josué, nous l'inviterons à passer un jour ou deux avec nous; il est jeune, il ne fait que d'entrer dans le monde, et notre habitation sera pour lui, s'il le veut, comme un lieu de repos d'où il pourra réfléchir sur le pèlerinage qu'il doit faire, et examiner le sentier sur lequel il doit voyager. — Qu'en dis-tu, ami Latimer? Nous ne forçons pas nos amis à se conformer à nos manières, et je te crois trop sage pour trouver mauvais que nous suivions les nôtres. Si par hasard nous te donnons un mot d'avis, je me flatte que tu ne t'en fâcheras pas, s'il vient à propos.

Vous savez, Alan, combien je me laisse entraîner aisément par tout ce qui ressemble à la cordialité. Quoique l'air grave de mon hôte et de mon hôtesse m'effrayât un peu, j'acceptai l'invitation, à condition que je pourrais envoyer un messager à Shepherd's Bush, pour en faire venir mon domestique et mon porte-manteau.

— Il est vrai, ami, dit Josué, que ton extérieur n'y perdrait rien si tu avais des vêtemens plus propres. Mais je me charge de ta commission ; j'irai moi-même chez la veuve Gregson, et je t'enverrai l'homme qui est à ton service, avec ton bagage. En attendant, Rachel te montrera le jardin, et t'indiquera quelque moyen de passer ton temps utilement, jusqu'à ce que le repas nous réunisse à la seconde heure après midi. Quant à présent, adieu. Il faut que j'aille à pied, car Salomon doit avoir besoin de repos, et je ne veux pas l'en priver.

A ces mots, M. Josué Geddes se retira. Quelques dames de notre connaissance auraient éprouvé, ou du moins affecté de l'embarras et de la réserve en se trouvant chargées de faire les honneurs de leur maison à.... (il faut que la vérité parle, Alan) à un jeune homme bien fait, mais étranger pour elles. Rachel me laissa seul quelques instans, et revint bientôt avec un mantelet uni, un chapeau de paille et des gants de castor, disposée à me servir de guide avec la même simplicité que si j'étais son père. Je partis donc avec ma belle quakeresse.

Si l'habitation de Mont-Sharon était simple, commode sans être vaste, et sans prétentions, le jardin pouvait le disputer à celui d'un comte, sinon par l'étendue, du moins par le soin qu'on en prenait et par les dépenses qu'il exigeait. Rachel me conduisit d'abord à son local favori, une basse-cour remplie de toutes les espèces d'animaux domestiques, les plus rares comme des plus ordinaires, et qui y trouvaient tout ce qui était nécessaire à leurs habitudes respectives; un petit ruisseau, qui la traversait en coulant sur le sable, y formait un étang pour les oiseaux aquatiques, et leur fournissait amplement les moyens dont ils se servent pour faciliter la digestion.

Toutes ces créatures semblaient reconnaître leur maîtresse, et quelques-unes, plus favorisées, accoururent à elle et continuèrent à la suivre tant qu'elle resta dans la basse-cour. Elle me parla des qualités distinctives de chaque espèce avec une exactitude qui aurait fait croire qu'elle avait fait une étude particulière de l'histoire naturelle; et je conviens que jamais les oiseaux de basse-cour ne m'avaient inspiré tant d'intérêt, si ce n'est quand je les avais vus paraître sur une table, bouillis ou rôtis. Je ne pus m'empêcher de lui faire une question embarrassante. — Comment pouvait-elle ordonner le supplice des créatures dont elle prenait tant de soin?

— C'est une nécessité pénible, me répondit-elle, mais telle est la loi de leur existence. Elles doivent mourir, mais elles ignorent l'instant où la mort doit les atteindre; et, en leur fournissant tout ce dont elles ont besoin tant qu'elles vivent, nous contribuons à leur bonheur autant que le permettent les conditions auxquelles la vie leur a été donnée.

Je ne suis pas tout-à-fait de son avis, Alan; je ne

crois pas que les canards et les poulets convinssent que la loi primitive de leur existence est d'être tués et mangés. Cependant je ne fis pas valoir cet argument auquel ma quakeresse semblait désirer d'échapper, car elle me conduisit sur-le-champ dans une grande orangerie remplie des plantes et des arbustes les plus rares, et elle me montra une jolie volière qui en occupait le bout, ajoutant qu'elle avait le plaisir d'en soigner les habitans sans être troublée par des réflexions pénibles sur leur destination future.

Je ne vous ferai pas le détail de tout ce que renferment le jardin et les serres : on doit avoir dépensé beaucoup d'argent tant pour les établir que pour les entretenir en si bon état. Il paraît que cette famille est alliée à celle du célèbre Millar (1), et qu'elle partage son goût pour l'*horticulture*. Mais, au lieu d'estropier des noms de botanique, je vais vous faire faire un tour dans le jardin, que le goût de Josué, ou celui de son père, a étendu jusqu'au bord du ruisseau. En dépit de la simplicité qui règne chez les quakers, il est orné au plus haut degré. On y voit divers compartimens unis ensemble avec beaucoup d'art; quoique la totalité du terrain n'excède pas cinq ou six acres, il est si bien distribué, qu'on le croirait quatre fois plus grand. On y trouve des allées étroites et des promenades découvertes, une très-jolie cascade artificielle, un bassin du centre duquel part un jet d'eau qui s'élève à une hauteur considérable et qui présente aux yeux un arc-en-ciel perpétuel; ce que les Français appellent un cabinet de verdure, pour y prendre le frais pendant les chaleurs

---

(1) Auteur d'un traité sur le jardinage. — Éd.

de l'été, enfin une terrasse, abritée du côté du nord-ouèst par une belle haie de houx, avec toutes leurs brillantes épines, et où l'on peut se promener au soleil pendant les beaux jours de l'été.

Je sais parfaitement, Alan, que vous condamnerez tout cela comme antique et de mauvais goût; car, depuis que Landseer a décrit Leasowes (1), et a parlé des imitations de la nature de Brown, et que vous avez lu le dernier essai sur le jardinage d'Horace Walpole, vous êtes pour la simple nature ; vous ne pouvez souffrir qu'on monte et qu'on descende des escaliers en plein air; et vous vous êtes déclaré pour les bois et les solitudes. Mais, *ne quid nimis*. Je ne voudrais pas nuire à l'effet d'une scène dont la nature aurait tracé la grandeur et la beauté pittoresque, en y accumulant une foule de décorations artificielles ; mais elles peuvent devenir intéressantes quand la situation n'offre pas en elle-même un attrait tout particulier.

Ainsi, quand j'aurai une maison de campagne..... et qui peut dire si ce ne sera pas bientôt?.... vous pouvez vous attendre à y voir des grottes, des cascades et des fontaines, un temple même, si vous m'y forcez par esprit de contradiction. Ne me poussez donc pas à bout : vous voyez à quels excès je suis capable de me porter.

Au surplus, Alan, quand vous auriez condamné, comme n'offrant que l'image de l'art, tout le reste du jardin de l'ami Geddes, il s'y trouve sur le bord du ruis-

---

(1) La *Ferme ornée* de Leasowes en Angleterre est souvent citée en Angleterre. Horace Walpole, Brown et Kent firent une révolution dans l'art de décorer un paysage. Voyez dans le premier volume du *Voyage littéraire en Angleterre et en Écosse*, une lettre sur Brown et les paysages anglais. — Éd.

seau une allée de saules si mélancolique, si solennelle, si silencieuse, qu'elle vous forcerait à l'admiration. Les eaux, retenues à l'une des extrémités du jardin par la digue naturelle que forme une chaîne de rochers, laissent à peine apercevoir leur cours, même en ce moment où elles sont enflées, et les saules argentés, courbant leurs branches dans le ruisseau, se chargent de petites couronnes d'écume formées par son cours rapide à quelque distance. Le rocher élevé, placé sur la rive opposée, n'est aperçu que dans une sorte d'obscurité à travers les branches, et sa cime pâle, offrant une foule de fentes d'où s'échappent des guirlandes de ronces et d'autres plantes grimpantes, semblait une barrière placée entre l'allée tranquille dans laquelle nous nous promenions, et le tumulte et les embarras du monde. Cette allée, suivant le cours du ruisseau, trace une ligne courbe suffisante pour en cacher la limite jusqu'à ce qu'on y soit arrivé. On y est préparé par un bruit sourd qui augmente à mesure qu'on avance. Là on trouve quelques sièges formés par des racines, d'où l'on peut voir l'eau se précipiter de sept à huit pieds pardessus la digue de rocher dont je vous ai déjà parlé.

La solitude obscure et tranquille de cette allée de saules la rendait tout-à-fait convenable à un entretien confidentiel; et n'ayant rien de plus intéressant à dire à ma belle compagne, je pris la liberté de lui faire quelques questions sur le laird; car vous savez, ou vous devez savoir, qu'après les affaires du cœur, les affaires des voisins sont celles qui intéressent le plus le beau sexe.

Je ne lui cachai ni ma curiosité ni l'espèce de retenue que Josué avait observée à cet égard, et je vis qu'elle ne me répondait elle-même qu'avec quelque embarras.

— Je ne dois dire que la vérité, me dit-elle ; et par conséquent je te dirai que mon frère n'aime pas l'homme dont tu me parles, et que moi je le crains. Peut-être avons-nous tort tous deux ; mais c'est un homme violent, et il a beaucoup d'influence sur bien des gens qui, suivant la profession de marins et de pêcheurs, deviennent aussi turbulens que les élémens contre lesquels ils ont à lutter. Il ne porte aucun nom particulier parmi eux, ce qui n'a rien d'extraordinaire, leur coutume étant de se donner les uns aux autres des sobriquets. Ils le nomment donc le Laird des Lacs, oubliant qu'il n'existe qu'un seul être à qui l'on doive donner le nom de seigneur (1). Ce n'est qu'une vaine dérision, après tout, les flaques d'eau salée que la marée laisse sur les sables en se retirant étant appelées les lacs du Solway.

— N'a-t-il pas d'autre revenu que celui qu'il retire de ces sables ?

— C'est ce que je ne pourrais te dire. On assure qu'il ne manque pas d'argent, quoiqu'il vive en simple pêcheur, et qu'il donne des secours aux pauvres qui demeurent dans son voisinage. On fait entendre que c'est un homme d'importance qui a été compromis dans la malheureuse affaire de la rébellion (2), et qu'il court encore trop de dangers de la part du gouvernement pour se montrer sous son vrai nom. Il est quelquefois absent plusieurs semaines, et même des mois tout entiers, de sa chaumière de Brokenburn.

(1) *Laird* en écossais, *lord* en anglais, signifie *seigneur*. — Éd.
(2) C'est-à-dire de l'expédition du prince Charles-Édouard, en 1745. — Éd.

— J'aurais cru que maintenant le gouvernement ne songeait guère à poursuivre rigoureusement même les plus coupables des rebelles; il s'est passé tant de temps !...

— C'est la vérité, mais ils peuvent croire qu'on ne ferme les yeux sur eux qu'autant qu'ils vivent obscurs. Au surplus, on ne peut compter sur rien de ce que disent des gens si grossiers. Ce n'est pas parmi eux qu'il faut chercher la vérité. Quelques-uns prennent part au commerce de contrebande entre ce canton et la côte d'Angleterre voisine, et ils sont habitués à toute espèce de mensonge et de fourberie.

— Il est fâcheux que votre frère ait de pareils voisins, d'autant plus que j'ai vu qu'il régnait quelque mésintelligence entre eux et lui.

— Où?... quand?... relativement à quoi? s'écria miss Geddes avec une vivacité et d'un air d'inquiétude timide qui me firent regretter d'avoir entamé ce sujet d'entretien.

Je lui expliquai de la manière la moins alarmante possible ce qui s'était passé entre le Laird des Lacs et son frère lorsqu'ils s'étaient rencontrés dans la matinée.

— Tu m'effraies beaucoup, me dit-elle, et c'est une affaire qui m'a bien souvent occupée pendant les veilles de la nuit. Quand mon frère Josué quitta les diverses branches de commerce que mon père avait embrassées, étant satisfait de la portion des biens de ce monde qu'il possédait déjà, il conserva son intérêt dans une ou deux entreprises, soit parce qu'en se retirant il aurait pu faire du tort à ses associés, soit parce qu'il voulait se conserver un moyen d'employer son temps. La plus importante est une pêcherie sur la côte, où, par le moyen de filets de nouvelle invention, qui s'ouvrent quand la marée monte, et qui se ferment quand elle descend, on prend plus de poisson que n'en peuvent prendre ceux qui, comme les habitans de Brokenburn, ne se servent que de filets ordinaires, de javelines ou de lignes. Ils se plaignent de ces filets comme d'une innovation, et prétendent avoir le droit de les détruire. Je crains donc que cet homme violent, qu'ils appellent le Laird, n'exécute les menaces qu'il faisait ce matin, ce qui occasionerait des pertes à mon frère, et lui ferait même courir quelques dangers.

— M. Geddes devrait s'adresser aux magistrats civils. Il y a des troupes à Dumfries ; on lui enverrait un détachement pour le protéger, lui et ses propriétés.

— Tu parles, ami Latimer, comme un homme qui s'abreuve encore du fiel de l'amertume, comme un homme chargé des liens de l'iniquité. A Dieu ne plaise que, pour conserver des filets de chanvre et des poteaux de bois, ou par amour pour le profit que nous en retirons, nous ayons recours à des hommes de guerre, au risque de répandre le sang humain !

— Je respecte vos scrupules, miss Geddes ; mais, puisque telle est votre manière de penser, votre frère devrait chercher à écarter le danger, soit en cédant, soit en entrant en arrangement.

— Ce serait peut-être le meilleur parti ; mais que puis-je dire ? Dans les caractères les mieux disciplinés il peut rester quelque levain du vieil Adam, et je ne sais si c'est cette cause ou quelque motif plus sage qui influe sur mon frère Josué. Quoiqu'il soit bien décidé à ne pas repousser la force par la force, il n'est pas moins résolu à ne pas abandonner ses droits par un sentiment de peur : céder à l'injustice, ce serait encourager les autres à la commettre. D'ailleurs il dit que ses associés comptent sur sa fermeté, et qu'il ne doit pas tromper leur attention en sacrifiant leurs droits à la crainte que lui inspireraient les menaces d'un homme violent.

Cette observation me convainquit que l'esprit des ancêtres du pacifique quaker, qui venaient partager à Sharing-Knowe le butin qu'ils avaient fait, n'était pas encore tout-à-fait éteint dans son cœur; et je ne pus m'empêcher de m'avouer intérieurement que Josué avait eu raison quand il avait dit qu'il fallait autant de courage pour endurer que pour résister.

Comme nous approchions alors du bout de l'allée des saules, le bruit continuel de l'eau qui se précipitait par-dessus le rocher augmentait de moment en moment, et rendit presque impossible la continuation de notre entretien. Le silence y succéda; mais ma compagne paraissait toujours réfléchir aux sujets de crainte dont elle m'avait parlé. A l'extrémité de l'avenue nous vîmes l'endroit où les eaux enflées du ruisseau, quelque temps retenues par la barrière que la nature semblait avoir voulu leur opposer, triomphaient enfin de cet obstacle, et tombaient en écumant de l'autre côté du rocher. Je regardai ce spectacle avec délices, et me tournant vers miss Geddes pour lui exprimer mon ravissement, je la vis, les mains croisées sur la poitrine, dans une attitude de résignation mélancolique qui prouvait que ses pensées étaient bien loin de la scène qu'elle avait sous les yeux.

Quand elle vit que je la remarquais, elle reprit son air tranquille; et m'ayant laissé le temps d'admirer ce qui terminait notre promenade solitaire, elle me pro-

posa de retourner à la maison, en traversant les terres
de la ferme de son frère. — Tout quakers que nous
sommes, me dit-elle, puisque tel est le nom qu'on
donne, nous avons notre petite vanité; et mon frère ne
me pardonnerait pas si j'oubliais de te montrer les
champs qu'il a tant de plaisir à faire cultiver d'après
les meilleures et les plus nouvelles méthodes, ce qui lui
a valu les éloges d'excellens juges, en l'exposant au ridicule de la part de ceux qui regardent comme une folie de chercher à perfectionner les coutumes de nos
ancêtres.

En parlant ainsi elle ouvrit une petite porte prati-
quée dans un mur couvert de mousse et de lierre, qui
servait d'enclos au jardin, et qui conduisait dans les
champs. Nous y trouvâmes un sentier commode et bien
battu, traversant des prairies, des bois et des terres
labourables, séparés par des haies et des barrières; de
sorte que, dans les temps ordinaires, le bon Josué
pouvait faire le tour de sa ferme sans avoir besoin de
nettoyer ses souliers en rentrant. Il s'y trouvait des
bancs couverts, sur lesquels on pouvait se reposer; et
s'ils n'étaient ni ornés d'inscriptions ni aussi nombreux
que ceux dont il est parlé dans la description de Leasowes, on avait eu soin de les placer de manière à
apercevoir la maison ou à jouir de quelque belle vue
dans les environs.

Mais ce qui me frappa le plus dans le domaine de
Josué, ce fut d'y trouver une si grande quantité de gibier, et de le voir si familier. La perdrix quittait à peine
le pied de la haie sous laquelle elle avait rassemblé sa
couvée, quoique le sentier passât tout à côté, et le
lièvre, immobile sur son gîte, fixait sur nous son œil

noir, ou se levant lentement, sautait à quelques pas, se dressait sur ses pattes de derrière, et nous regardait avec plus de curiosité que de crainte. Je dis à miss Geddes combien j'étais surpris de voir aussi privés des animaux naturellement timides et craintifs. Elle me répondit que leur confiance venait de ce qu'ils trouvaient en cet endroit leur sûreté pendant l'été, et leur nourriture pendant l'hiver.

— Ce sont les favoris de mon frère, ajouta-t-elle, et il les regarde comme ayant d'autant plus de droits à sa protection, qu'ils appartiennent à une race généralement persécutée par le monde. Il se refuse même la compagnie d'un chien, afin que ces pauvres créatures puissent au moins jouir ici d'une sécurité complète; et cependant ce penchant inspiré par l'humanité, ou cette fantaisie innocente, a donné de l'humeur à nos dangereux voisins.

Elle m'expliqua ces derniers mots en me disant que mon hôte de la nuit précédente était aussi passionné pour la chasse que pour la pêche, et qu'il poursuivait le gibier sans trop s'inquiéter de ce que pourraient en dire les personnes sur les domaines desquelles il chassait. Le mélange singulier de crainte et de respect qu'il inspirait généralement faisait que la plupart des propriétaires voisins fermaient les yeux quand il se permettait ce qu'ils auraient puni dans tout autre; mais Josué Geddes ne donnait à personne le privilège d'entrer dans ses enclos, et il avait même offensé plusieurs gentilshommes campagnards des environs, qui, parce que le quaker ne voulait ni chasser lui-même ni permettre aux autres de chasser, le comparaient au chien qui ne veut ni manger ce qu'il garde ni le laisser manger aux autres; il avait irrité surtout le ressentiment du Laird des Lacs en lui défendant positivement de jamais tirer un coup de fusil sur ses terres. — De sorte que je voudrais quelquefois, continua Rachel Geddes, que notre destinée nous eût placés en tout autre lieu qu'en ce charmant canton; si la nature eût déployé moins de beautés à nos yeux, nous aurions peut-être un voisinage plus paisible.

Nous rentrâmes enfin dans la maison, et Rachel me conduisit dans un cabinet contenant un petit choix de livres placés dans deux bibliothèques différentes.

— Ceux-ci te feront du bien, me dit-elle en me montrant la plus petite, si tu veux en occuper ton loisir. Ceux-là, ajouta-t-elle en me désignant la plus grande, ne peuvent, je crois, te faire grand mal. Quelques-uns de nos frères prétendent à la vérité que tout écrivain qui n'est pas pour nous est contre nous; mais Josué n'est pas exagéré dans ses opinions, et il partage l'avis de notre frère John Scott d'Amwel, qui a composé des vers loués même par le monde (1). Adieu; je te souhaite beaucoup de plaisir jusqu'à ce que la famille se rassemble pour le dîner.

Étant resté seul, j'examinai les deux collections. La première était entièrement composée de traités religieux et d'ouvrages de controverse; la seconde était un choix d'histoires, et d'ouvrages de morale en prose et en vers.

Ni l'une ni l'autre ne me promettant beaucoup d'amu-

(1) Penn avait aussi fait des vers, Slwood le quaker fut l'admirateur et l'ami de Milton, et de nos jours Bernard Baston (Voyez les *Living poets of England*, tom. II) est un des premiers poètes de la Grande-Bretagne. — Éd.

sement, vous avez dans les pages qui précèdent le fruit de mes heures de loisir : et, en vérité, je crois qu'écrire l'histoire quand on en est soi-même le héros, est aussi amusant que de lire celle des pays étrangers, en quelque moment que ce soit.

Sam, dont la démarche disait assez qu'il n'avait pas été fort sobre, arriva avec mon porte-manteau ; ce qui me mit en état de faire une toilette plus convenable à ce séjour du décorum et de la propreté, où, pour conclusion, je vous dirai que je crois que je séjournerai plus d'un jour.

P. S. J'ai lu votre aventure, comme vous autres jeunes gens qui n'êtes jamais sortis de chez vous l'appelleriez peut-être, avec votre haut et puissant laird. Nous autres voyageurs, nous regardons un tel incident comme de peu d'importance, quoiqu'il puisse servir à rompre l'uniformité de la vie que vous menez dans Brown's-Square. Mais ne rougissez-vous pas de chercher à intéresser par une si pauvre relation quelqu'un qui voit le monde en grand, et qui étudie la nature humaine sur une échelle plus étendue? De quoi s'agit-il en somme? Un laird Tory a dîné avec un procureur Whig ; ce n'est pas un événement bien extraordinaire, d'autant plus que vous m'apprenez que M. Herries a perdu son domaine, quoiqu'il en garde le titre. — Le laird se conduit avec hauteur et impertinence ; je n'y vois rien d'étonnant, si ce n'est qu'il n'ait pas été jeté du haut en bas de l'escalier, ce qui aurait dû lui arriver si Alan Fairford était la moitié de ce qu'il désire que ses amis le supposent. — Oui, mais comme le jeune étudiant en droit, au lieu de mettre le susdit laird à la porte, a jugé à propos d'en prendre le chemin lui-même, et il l'a entendu faire une question au vieux procureur relativement à Darsie Latimer; sans doute il demandait des nouvelles du jeune homme bien fait et accompli qui demeurait naguère dans la maison, et qui vient de prendre congé de Thémis en lui annonçant qu'il ne lui ferait pas cortège plus long-temps. — Vous riez de mes châteaux bâtis en l'air ; mais, convenez-en, n'ont-ils pas, en général, une base plus solide que deux mots prononcés par un homme comme Herries ? Et cependant, Alan, je voudrais bannir, en plaisantant, les idées que cette affaire m'inspire; mais dans les nuits sombres le ver luisant lui-même devient un objet brillant, et pour un homme plongé dans l'incertitude et l'ignorance, le moindre rayon qui promet de l'éclairer est précieux. Ma vie est comme la rivière souterraine du Pic de Derby, qui n'est visible que pour qui traverse la célèbre caverne. Je suis ici, voilà tout ce que je sais; mais qui me dira d'où je viens, et où je dois aller dans le cours de ma vie? — Et votre père aussi, qui a paru intéressé et alarmé, qui a parlé de m'écrire ! — Plût au ciel qu'il le fît ! — J'envoie tous les jours au bureau de la poste de la ville voisine pour savoir s'il y est arrivé des lettres pour moi.

D. L.

LETTRE VIII.

ALAN FAIRFORD A DARSIE LATIMER.

Vous pouvez battre des ailes comme un coq et chanter aussi haut qu'il vous plaira. Vous allez chercher les aventures, et les aventures m'arrivent sans que je les cherche. Et sous quelle forme agréable les miennes se présentent! Sous la forme d'une cliente, et d'une jolie cliente! par-dessus le marché! Que pensez-vous de cela, Darsie, vous en qui les dames ont toujours trouvé un chevalier déclaré? Cette aventure ne vaut-elle pas les vôtres? n'éclipse-t-elle pas votre chasse au saumon à cheval? ne laisse-t-elle pas bien loin l'histoire de toute une tribu de chapeaux à larges bords(1)? Mais il faut procéder méthodiquement.

(1) De quakers : ainsi désignés à cause de cette partie de leur costume. — Éd.

Ce matin, en revenant du collège (1), j'ai été surpris de voir un sourire en forme de grimace produire une sorte de convulsion sur les traits du fidèle James Wilkinson, et mon étonnement était assez naturel, puisqu'un pareil événement n'arrive guère plus d'une fois par an. D'ailleurs, ses yeux avaient une expression de malice que je me serais tout aussi bien attendu à trouver dans une servante (2), meuble auquel James, dans son état ordinaire, peut être très-heureusement comparé.

— Que diable y a-t-il donc, James? lui demandai-je.

— Le diable peut bien y être pour quelque chose, répondit James avec une autre contraction des muscles de sa physionomie, car une femme est venue vous demander, M. Alan.

— Une femme! répétai-je avec surprise; car vous savez fort bien qu'excepté ma vieille tante Peggy, qui vient dîner avec nous tous les dimanches, et lady Bedrooket, qui est encore plus vieille, et qui vient quatre fois par an pour toucher les trimestres de son douaire de quatre cents marcs, à peine une femme met-elle les pieds sur le seuil de notre porte, mon père allant voir toutes ses clientes chez elles. James persistait pourtant à dire qu'une dame était venue me demander.

— Une aussi jolie fille, ajouta-t-il, que j'en aie jamais vue depuis le temps que je connus Peggy Baxter quand j'étais dans les fusiliers. — Vous savez que James a toujours quelques joyeux souvenirs qui le reportent au temps de son service militaire, les années qu'il a passées au nôtre lui ayant probablement procuré assez d'ennui.

---

(1) C'est-à-dire de l'Université ou du Cours de droit. — Éd.
(2) Petite table pour suppléer au service des domestiques. — Tr.

— Cette dame n'a-t-elle laissé ni son nom ni son adresse? lui demandai-je.

— Non, M. Alan. Elle m'a demandé quand elle pourrait vous trouver, et je lui ai dit de revenir à midi, parce qu'alors votre père sera à la banque, et la maison sera bien tranquille.

— Fi donc! James, comment pouvez-vous parler ainsi? Qu'importe que mon père soit sorti ou à la maison? Je suppose que cette dame est une personne décente.

— Oh! j'en répondrais, monsieur. Ce n'est pas une de vos... James remplit cette lacune en sifflant. Mais que pouvais-je faire? mon maître fait tant de bruit quand une femme vient ici!

Je passai dans mon appartement, n'étant pas très-fâché que mon père fût absent, quoique j'eusse grondé James d'avoir arrangé les choses de cette manière. Je plaçai mes livres sur ma table, de manière à leur donner un air de désordre agréable; et mettant sur la cheminée mes fleurets, inutiles depuis votre départ, pour que la dame pût voir que j'étais dévoué *tam Marti quàm Mercurio* (1) je m'habillai de manière à paraître en élégant négligé du matin. Je donnai à mes cheveux cette nuance légère de poudre qui marque l'homme comme il faut. Je plaçai sur ma table ma montre avec sa chaîne et tous ses cachets, pour montrer que je connaissais le prix du temps; et après tous ces arrangemens, dont je suis un

(1) Dévoué à Mars, dieu de la guerre, autant qu'à Mercure, dieu de l'éloquence. C'est sans doute dans le même sens qu'un ministre de nos jours, sorti du barreau de Bordeaux, a pris pour devise dans ses armoiries, où l'on voit une épée en sautoir : *Non solum togâ*.

peu honteux quand j'y pense, je ne trouvai rien de mieux à faire que de suivre des yeux la marche des aiguilles sur le cadran de ma montre, jusqu'à ce qu'elles se fussent réunies toutes deux sur le point qui marque midi. Cinq minutes se passèrent, ce que j'attribuai à la différence des horloges; cinq autres me causèrent des doutes et de l'inquiétude; cinq de plus m'auraient rendu tout-à-fait impatient.

Riez tant qu'il vous plaira, Darsie; mais souvenez-vous que j'étais un avocat attendant son premier client; un jeune homme sur le point d'avoir une entrevue seul avec une jolie femme : je n'ai pas besoin de vous dire sous quelle rigoureuse discipline ce jeune homme a été élevé. Mais avant que le quart d'heure fût expiré, j'entendis sonner modestement à la porte de la maison, comme si le cordon de la sonnette avait été touché par une main timide et tremblante.

James Wilkinson, qui n'est jamais vif, se montre, comme vous le savez, particulièrement lent à ouvrir la porte. Je comptais donc sur cinq bonnes minutes avant qu'il montât l'escalier d'un pas lourd et solennel. J'aurai le temps, pensai-je, de jeter un coup d'œil à travers la jalousie; et je courus à la fenêtre. Mais, pour cette fois, j'avais compté sans mon hôte. James, qui avait sa curiosité comme j'avais la mienne, s'était posté dans le vestibule, prêt à ouvrir au premier coup de sonnette, et je l'entendis dire : — Oui, madame; par ici madame. — Voici la dame, M. Alan, — avant que j'eusse eu le temps de me placer sur le fauteuil d'où je comptais me montrer, armé de toute la dignité de la toge.

La certitude d'avoir été à demi pris sur le fait, regardant par ma croisée, jointe à cette timidité gauche dont on m'assure que le barreau me corrigera, me fit rester debout, l'air un peu confus, tandis que la dame, semblant elle-même éprouver quelque embarras, s'arrêtait sur le seuil de la porte. James Wilkinson, qui était celui des trois qui conservait le mieux sa présence d'esprit, et qui n'était peut-être pas fâché d'avoir un prétexte pour rester le plus long-temps possible, prépara une chaise pour la dame, et cet acte de civilité me rappelant à la mienne, je l'invitai à s'asseoir, et je dis à James de se retirer.

Celle qui venait me visiter ainsi était incontestablement une dame bien née et probablement fort au-dessus du rang ordinaire. Elle semblait fort modeste, à en juger par la timidité pleine de graces avec laquelle elle s'avança pour s'asseoir quand je l'en eus priée. Son costume était sans doute élégant et à la mode, mais il était caché en partie sous une grande mante de voyage, en soie verte brodée, qui la couvrait presque entièrement, quoique ce vêtement fût un peu lourd pour la saison, et garni d'un grand capuchon.

Au diable soit ce capuchon! Darsie, car tout ce que je pus distinguer, rabattu sur sa tête comme il l'était, fut qu'il me cachait, comme j'en étais convaincu, une des plus jolies figures que j'eusse jamais vues. Ses joues semblaient colorées d'une aimable rougeur produite par l'embarras. Je pouvais voir qu'elle avait un beau teint, un menton bien tourné, des lèvres de corail, des dents rivales de l'ivoire; mais c'est là tout ce que je puis en dire. Une agrafe d'or, ornée d'un saphir, serrait la mante jalouse autour du cou de l'inconnue, et le maudit capuchon cachait entièrement le haut de son visage.

J'aurais dû parler le premier, c'est une chose certaine; mais avant que j'eusse pu arranger une phrase, la jeune dame, désespérant sans doute de m'entendre rompre le silence, entama elle-même la conversation.

— Je crains de vous avoir dérangé mal à propos, monsieur; je comptais trouver un homme d'un certain âge.

Ces mots me rappelèrent à moi-même. — C'est peut-être mon père, madame; mais vous avez demandé Alan Fairford : mon père se nomme Alexandre.

—C'est bien certainement à M. Alan Faiford que je désirais parler, répondit-elle avec encore plus de confusion; mais on m'avait dit que c'était un homme avancé en âge.

— C'est sans doute quelque méprise entre mon père et moi, madame, et elle peut avoir été occasionée parce que nos noms de baptême ont la même initiale. Je... je... je m'estimerais fort heureux si, en l'absence de mon père, je pouvais le suppléer pour vous rendre quelque service.

— Vous êtes fort obligeant, monsieur. Et il s'ensuivit une pause pendant laquelle elle semblait délibérer si elle devait se lever ou rester assise.

— Je suis sur le point d'entrer dans le barreau, madame, lui dis-je dans l'espoir de bannir le scrupule qu'elle pouvait se faire de me parler ouvertement; et, si mon avis ou mon opinion pouvaient vous être de quelque utilité, quoique je n'aie pas la présomption de dire qu'on puisse leur accorder toute confiance, je...

Elle m'interrompit en se levant. — Je vous remercie de vos bontés, monsieur, et je ne doute nullement de vos talens. Je m'expliquerai avec franchise : c'est vous que je désirais voir; mais, à présent que je vous ai vu, je crois qu'il vaut mieux que je vous communique par écrit ce que j'avais à vous dire.

— J'espère que vous ne serez pas assez cruelle, madame... que vous ne voudrez pas m'exposer au supplice de Tantale. Considérez que vous êtes ma première cliente, que votre affaire sera la première sur laquelle j'aurai donné une consultation. Ne me mortifiez pas en me retirant votre confiance parce que j'ai quelques années de moins que vous ne le supposiez. Je suppléerai à l'expérience à force d'attention.

— Je ne doute pas plus de l'une que de l'autre, monsieur, me dit la jeune dame d'un ton grave qui semblait avoir pour but de réprimer l'air de galanterie que j'avais tâché de prendre en lui parlant; mais quand vous aurez reçu ma lettre, vous y trouverez de bonnes raisons pour que je préfère m'expliquer par écrit. Je vous souhaite le bonjour.

Et elle sortit de l'appartement, tandis que son pauvre avocat consultant, trompé dans son attente, s'épuisait à lui faire des courbettes et des salutations, et la priait de l'excuser s'il lui avait dit quelque chose qui eût le malheur de lui déplaire; quoique la somme totale de mes offenses parût être qu'elle avait reconnu que j'étais plus jeune que mon père.

James lui ouvrit la porte; elle sortit; je la vis de ma fenêtre tourner par la première rue à droite, et je crois qu'en quittant le Square, elle mit le soleil dans sa poche; car, lorsqu'elle disparut, tout me sembla enveloppé d'obscurité. Je restai un moment à ma fenêtre ouverte, comme si j'avais perdu l'usage de la raison, sans penser à l'amusement que mon attitude pouvait procurer à nos amis toujours aux aguets de l'autre côté du Square.

Enfin il me vint à l'esprit que je pouvais la suivre pour savoir du moins qui elle était et où elle demeurait. Je partis à la hâte; j'arrivai à la rue dans laquelle je l'avais vue entrer, et ne l'apercevant pas, je demandai au garçon teinturier du coin s'il avait vu passer une dame, et remarqué de quel côté elle était allée.

— Une dame! répéta-t-il en tournant vers moi sa figure ornée de toutes les couleurs de l'arc-en-ciel; eh mais! M. Alan, qu'avez-vous donc à sortir ainsi sans chapeau, comme un fou?

— Au diable le chapeau! m'écriai-je tout en retournant chez mon père à toutes jambes, pour le prendre. Je repartis à l'instant; mais à peine avais-je fait de nouveau quelques pas sur le Square, que j'eus assez de bon sens pour réfléchir que toute poursuite était devenue inutile. D'ailleurs je voyais mon ami le garçon teinturier en grande conversation avec un personnage dont les mains vertes m'annonçaient qu'il était de la même profession, et ils riaient de si bon cœur, que, de même que Scrub (1), je fus sûr qu'ils parlaient de moi. Je n'avais pas envie, en me montrant à eux une seconde fois, de confirmer le bruit que l'avocat Alan Fairford était devenu fou; bruit qui s'était peut-être déjà répandu depuis Campbell's Close-Foot jusqu'à Meal-Market-Stairs. Je repris donc le chemin de mon appartement.

Dès que j'y fus entré, mon premier soin fut de faire disparaître toutes les traces des élégans préparatifs que j'avais faits pour recevoir la jeune dame, et dont j'avais espéré retirer tant d'honneur; car j'étais alors honteux, et je me reprochais d'avoir pensé un instant à faire des

---

(1) Personnage de comédie. — Tr.

apprêts pour recevoir une visite qui, après avoir commencé si agréablement, s'était terminée d'une manière si peu satisfaisante. Je remis mes in-folio à leur place ; je jetai mes fleurets dans mon cabinet de toilette ; et pendant tout ce temps je m'épuisais en conjectures inutiles pour deviner si j'avais manqué une occasion, si j'avais échappé à quelque piège, ou si la jeune dame avait réellement été effrayée, comme elle avait paru l'être, par l'extrême jeunesse de celui qu'elle venait consulter. Le miroir fut assez naturellement appelé à mon aide, et ce conseiller de cabinet prononça que je n'étais pas grand ; que j'avais la taille un peu épaisse ; que ma tournure, comme je m'en flatte, était plus convenable pour le barreau que pour un bal ; que je n'étais pas assez beau pour faire mourir d'amour une vierge timide, ni même pour l'engager à imaginer un prétexte pour venir me rendre visite ; mais que je n'étais pas assez laid pour effrayer ceux qu'une affaire véritable amenait chez moi. J'ai le teint brun, à la vérité ; mais *nigri sunt hyacinthi* (1), et il y a de très-jolies choses à dire de cette couleur.

Enfin, comme le sens commun l'emporte toujours quand on veut de bonne foi l'écouter, je restai convaincu à mes propres yeux d'avoir été un âne avant l'entrevue, pour m'en être promis tant de choses ; âne pendant l'entrevue, pour n'avoir pas réussi à tirer de la jeune dame quel était son véritable dessein ; encore plus âne depuis l'entrevue, pour m'en occuper si long-temps.

Vous vous rappelez la manière dont Murtough O'Hara

---

(1) Les hyacinthes sont noires. — Tr.

....*Vaccina nigra leguntur*. Virg. egl. 11, v. 18. — Éd.

défendait la doctrine des catholiques sur la confession, disant que, sur son ame, ses péchés étaient toujours un grand fardeau jusqu'à ce qu'il les eût confessés à un prêtre, mais qu'ensuite il n'y pensait plus. J'ai donc essayé de sa recette; et ayant épanché dans votre sein discret le secret de ma mortification, je ne penserai plus à cette fille du brouillard,

Qui m'a dévisagé (1) sans montrer son visage.

À quatre heures.

Au diable la Mante Verte! il faut que ce soit une fée, car je ne puis encore la bannir de mon esprit. Pendant tout le diner j'ai eu des distractions terribles. Heureusement mon père a fait honneur de ma rêverie à la nature abstraite de la doctrine *si vinco vincentem te, à fortiori te vinco* (1), argument sur lequel notre professeur nous a fait ce matin une savante dissertation. En conséquence il m'a renvoyé de bonne heure dans mon antre; et j'y suis, étudiant dans un sens *vincere vincentem*, pour vaincre la sotte passion de la curiosité; car je crois... oui, je crois que ce n'est pas autre chose qui s'est emparé ainsi de mon imagination, et qui fait que je m'adresse toujours cette question impatientante: m'écrira-t-elle, ou ne m'écrira-t-elle pas? Elle n'écrira pas, dit la Raison; et la Raison ajoute: Pourquoi se donnerait-

---

(1) *Out-faced*, c'est-à-dire qui m'a fait perdre *contenance*. La traduction littérale du mot ne peut rendre en français cette équivoque. — Éd.

(2) Si je bats celui qui t'a battu, à plus forte raison te battrai-je, toi. — Tr.

elle la peine d'entrer en correspondance avec un jeune homme qui, au lieu de se montrer à elle en galant vif, alerte, hardi, ne lui a fait voir qu'un cœur de poule, et lui a laissé tout l'embarras d'une explication dont il aurait dû au moins lui épargner la moitié? Mais, d'une autre part, l'Imagination répond : — Elle écrira, car elle n'est pas de cette espèce de femmes avec lesquelles vous la confondez dans votre sagesse, madame la Raison. — Dans le fait, elle semblait déjà assez décontenancée, sans que j'ajoutasse à son embarras par des propos qui lui auraient sans doute déplu... Oui, elle m'écrira, car... de par le ciel! elle m'a écrit, Darsie; oui, elle m'a écrit; voici sa lettre, qui vient d'être laissée à la cuisine par un commissionnaire trop fidèle pour se laisser gagner, soit par argent, soit par un verre de whisky, et dont on n'a pu rien tirer si ce n'est qu'une femme, d'une parure fort ordinaire, la lui avait remise avec une pièce de six pence, tandis qu'il était à son poste ordinaire, près de la Bourse.

A ALAN FAIRFORD, ÉCUYER, HOMME DE LOI.

« Monsieur,

« Excusez la méprise que j'ai commise aujourd'hui.
» Le hasard m'avait appris que M. Darsie Latimer avait
» un ami intime en M. A. Fairford, avec qui il demeu-
» rait. Prenant des informations sur ce dernier, on me
» montra à la Bourse un homme âgé et respectable,
» votre père, à ce que je comprends maintenant. En
» arrivant dans Brown's-Square, où l'on m'avait dit
» qu'il demeurait, j'employai le prénom Alan, et c'est

» ce qui vous a occasioné l'embarras de ma visite de ce
» matin. De nouveaux renseignemens me portent à croire
» que vous mettrez plus d'activité que personne dans
» l'affaire sur laquelle j'ai maintenant à appeler votre
» attention ; et je regrette beaucoup que des circon-
» stances qui n'ont rapport qu'à ma position particu-
» lière, m'empêchent de vous communiquer de vive
» voix ce qu'il me reste à vous apprendre.

» Votre ami, M. Darsie Latimer, se trouve dans une
» situation infiniment périlleuse. Vous savez sans doute
» qu'il a été averti de ne pas mettre le pied en Angleterre.
» Or, s'il n'a pas absolument désobéi à cette injonction
» amicale, il s'est du moins approché du danger dont il
» est menacé, autant qu'il pouvait le faire sans contre-
» venir à la lettre de prohibition. Il a choisi pour de-
» meure un endroit très-dangereux pour lui ; et ce n'est
» qu'en revenant promptement à Édimbourg, ou du
» moins en partant pour quelque partie de l'Écosse plus
» éloignée des frontières, qu'il peut échapper aux man-
» œuvres de ceux dont l'inimitié est à craindre pour lui.
» Je suis forcée d'employer un langage mystérieux ; mais
» ce que je vous dis n'en est pas moins certain, et je
» crois que vous connaissez assez la destinée de votre
» ami pour sentir que je ne pourrais vous écrire comme
» je le fais si je ne la connaissais pas encore mieux que
» vous.

» Si le pouvoir ou la volonté lui manquent pour suivre
» le conseil qui lui est ainsi donné, mon avis est que vous
» alliez le joindre sans délai, s'il est possible, afin que
» votre présence et vos prières fassent valoir des argu-
» mens qui n'auront peut-être pas assez de poids par
» écrit.

» Un mot de plus, et je supplie votre franchise de
» prendre ce que vous allez lire dans le même sens que
» je vais le tracer. Personne ne suppose que le zèle de
» M. Fairford pour rendre service à son ami ait besoin
» d'être stimulé par des motifs mercenaires ; mais on dit
» que M. Alan Fairford, n'étant pas encore entré dans
» la carrière du barreau, pourrait, dans un cas sembla-
» ble, manquer, non du désir de servir son ami, mais
» des moyens de le faire avec promptitude. Il est donc
» prié de regarder le billet de banque ci-joint comme les
» premiers honoraires qu'il aura touchés dans sa pro-
» fession ; et celle qui le lui envoie souhaite qu'ils soient
» le présage d'un succès complet, quoiqu'ils viennent
» d'une main inconnue.

» La Mante Verte. »

Le *billet ci-joint* est un billet de banque de vingt livres sterling, et ce nouvel incident m'a rendu muet de surprise. Je ne suis pas en état de relire le commencement de ma lettre, qui sert d'introduction à cette épître extraordinaire. Tout ce que je sais, c'est que, quoiqu'il s'y trouve assez de folies, et Dieu sait que les idées qui m'occupent maintenant sont bien différentes, elle vous donne des détails assez exacts sur la jeune personne mystérieuse qui m'a écrit ; et je n'ai ni le temps, ni la patience de séparer l'absurde commentaire qui précède, d'un texte qu'il est si nécessaire que vous connaissiez.

Rapprochez cet avis, transmis d'une manière si étrange, de l'injonction que vous a faite votre correspondant de Londres, M. Griffith, de ne pas mettre le pied sur le territoire de l'Angleterre ; — rappelez-vous le caractère de votre Laird des Lacs ; les habitudes désordonnées des habitans de cette frontière, où il n'est pas facile de mettre à exécution un mandat d'arrêt, à cause de la jalousie réciproque des deux pays, qui voient également de mauvais œil leurs officiers de justice. Souvenez-vous que sir John Fielding lui-même disait à mon père (1) qu'il ne pouvait jamais suivre un coquin à la piste au-delà du pont de Dumfries. Songez que les distinctions de Whig et de Tory, de Papiste et de Protestant, tiennent encore cette contrée dans un état d'agitation qui ne reconnaît presque aucune loi. Songez à tout cela, mon cher Darsie, et n'oubliez pas que, tant que vous resterez à votre Mont-Sharon, vous vous trouvez dans le sein d'une famille menacée de voies de fait; avec des gens qui, en provoquant la violence par leur obstination, professent des principes qui leur interdisent la résistance.

De plus, permettez-moi de vous dire, pour vous parler le langage de mon métier, que, d'après nos meilleurs jurisconsultes, il est au moins très-douteux que le mode de pêche adopté par votre ami Josué soit autorisé par les lois, et que si les filets à pieux dont il se sert sont une obstruction illégale élevée dans le canal du golfe du Solway, ceux qui se réuniraient pour les abattre et les détruire par voies de fait, *viâ facti*, ne seraient pas, aux yeux de la loi, coupables de rassemblement tumultueux. Ainsi donc en restant où vous êtes vous vous exposez à vous trouver compromis dans une querelle à laquelle vous êtes parfaitement étranger, et à fournir à vos ennemis, quels qu'ils puissent être, l'occasion d'exé-

---

(1) L'auteur de *Tom Jones*, qui avait été *justice of the peace* (juge de paix). — Éd.

cuter, au milieu d'une confusion générale, les desseins qu'ils peuvent avoir formés contre votre sûreté personnelle. Des contrebandiers, des braconniers, des pêcheurs de saumon contrevenant aux lois sur la pêche, sont des gens qui auront fort peu d'égards pour les textes de votre quaker ou pour votre chevalerie. Si vous êtes assez Don Quichotte pour rester la lance en arrêt, prêt à défendre les filets à pieux et les vêtemens de couleur sombre (1), je vous déclare un chevalier perdu; car, comme je vous l'ai déjà dit, je doute fort que ces puissans redresseurs de torts, les juges de paix et les constables, se trouvent autorisés à intervenir dans cette affaire.

En un mot, mon cher Amadis, ce n'est pas à vous qu'est réservée l'aventure des filets du Solway. Revenez donc! je serai votre fidèle Sancho Pança, et nous en chercherons qui promettent plus de succès. Nous battrons la campagne ensemble pour trouver cette nouvelle Urgande, la belle inconnue de la Mante Verte, qui peut dévoiler le mystère de votre destinée mieux que la savante Eppie de Buckhaven, et que Cassandre même.

Je cherche à plaisanter, Darsie; car, en discutant avec vous, les plaisanteries réussissent quelquefois mieux que les argumens. Mais j'ai le chagrin dans le cœur, et je ne puis soutenir ce ton plus long-temps. Si vous avez le moindre égard pour l'amitié que nous nous sommes si souvent vouée l'un à l'autre, souffrez que mes prières l'emportent une fois sur votre caractère entreprenant et romanesque. C'est très-sérieusement que je vous dis que l'entretien de ce M. Herries avec mon père,

---

(1) Que portent les quakers. — Tr.

et l'air mystérieux de cette jeune dame, se prêtent une importance mutuelle, et que si vous étiez ici, vous pourriez apprendre de l'un et de l'autre, peut-être de tous les deux, quelque chose qui jetterait du jour sur votre naissance et votre famille. Vous ne sacrifierez sûrement pas une perspective semblable à une fantaisie qui n'a aucun but.

Conformément à l'avis de la jeune demoiselle, car je suis convaincu que telle est encore sa condition dans le monde, je serais déjà près de vous pour appuyer de vive voix sur toutes ces considérations, au lieu de les faire valoir par écrit; mais vous savez que le jour de mon examen est fixé; j'ai déjà été présenté à ceux qui doivent m'interroger, et toutes les formes préliminaires sont terminées. Tout cela ne suffirait pourtant pas encore pour me retenir; mais mon père regarderait mon départ en ce moment comme un coup mortel porté à l'espérance qu'il a nourrie toute sa vie de me voir entrer au barreau avec honneur. Quant à moi, je sais qu'il n'est pas bien difficile de passer des examens qui ne sont que de pure forme; sans quoi, comment quelques jeunes gens de notre connaissance s'en seraient-ils tirés? mais mon père regarde ces formes comme une solennité auguste et imposante; il y songe depuis longtemps; et m'absenter en pareille circonstance ce serait risquer de lui faire perdre l'esprit. Et cependant je le perdrai moi-même bien certainement si vous ne m'assurez sur-le-champ que vous êtes en chemin pour revenir ici. J'ai déjà recommandé à Hannah de mettre votre petite chambre dans le meilleur ordre possible. Je n'ai pu savoir si mon père vous a écrit, et il n'a plus été question entre nous de son entrevue avec Birrenswork;

mais quand je lui aurai laissé entrevoir le danger que vous courez en ce moment, je sais que la prière que je vous fais de revenir sans le moindre délai aura son approbation cordiale.

Encore une autre raison : après ma réception, il faut, suivant l'usage, que je donne un dîner à nos amis ; et mon père, mettant de côté toutes ses considérations ordinaires d'économie, m'a annoncé qu'il voulait que le repas fût splendide. Arrivez donc, mon cher Darsie, pour y assister, ou je vous jure que j'enverrai l'examen, le dîner et les convives au diable, et que je partirai pour vous ramener ici, pieds et poings liés s'il le faut. Adieu ; je suis tout à vous, mais plein d'inquiétude.

A. F.

LETTRE IX.

ALEXANDRE FAIRFORD, W.-S. (1), A M. DARSIE LATIMER.

Mon cher monsieur Darsie,

Ayant été votre *factor*, *loco tutoris*, ou, pour parler avec plus d'exactitude, puisque je n'ai pas été nommé à cette charge par arrêt de la cour, votre *negotiorum gestor*, cette relation existant entre nous est la raison qui m'engage à vous écrire. Vous ayant rendu le compte de ma gestion, qui a été régulièrement arrêté, non-seulement par vous-même, que je n'ai jamais pu déterminer à en lire autre chose que l'intitulé et la balance, mais encore par le digne M. Samuel Griffith de Londres, par les mains duquel les remises m'étaient faites, je peux,

(1) *W.-S.* pour *writer-signet*, écrivain du seing : abréviation que les procureurs (*writers-signets*) mettent après leurs noms. Voyez une note de *Waverley* sur ce mot. — Éd.

dans un certain sens, être considéré à votre égard comme *functus officio*; cependant, pour parler facétieusement, je me flatte que je ne deviendrai pas à vos yeux comptable d'intervention malavisée si je vous prouve de temps en temps l'intérêt que je prends à votre bien-être. Mes motifs pour vous écrire en ce moment sont de double nature.

Je me suis trouvé avec M. Herries de Birrenswork, homme d'une très-ancienne famille, mais qui, par le passé, a éprouvé une certaine gêne, et je ne suis pas même bien sûr que ses affaires à présent soient en bon état. Birrenswork assure qu'il croit avoir parfaitement connu votre père, qu'il dit s'être nommé Ralph Latimer de Langcote-Hall, comté de Westmoreland; et il parle d'affaires de famille dont il pourrait bien être de la plus haute importance pour vous que vous soyez informé; mais, comme il ne semblait pas disposé à me les communiquer, je ne pouvais civilement insister sur ce point.

Tout ce que je puis savoir, c'est que M. Herries n'a pas été sans prendre part à cette malheureuse affaire de 1745, et qu'il a été inquiété à ce sujet, quoiqu'il soit probable qu'il n'en est plus question. De plus, quoiqu'il ne fasse pas profession du papisme, il a toujours eu un œil tourné de ce côté. C'est pour cette double raison que j'ai hésité à le recommander à un jeune homme dont les opinions sur l'Église et l'État ne sont peut-être pas encore assez solidement assurées pour qu'un coup de vent soudain de doctrine ne puisse les faire changer; car j'ai remarqué, soit dit avec votre permission, M. Darsie, que vous n'êtes pas encore complètement purgé du vieux levain des épiscopaux; et quoique, Dieu merci, vous ne manquiez pas d'attachement pour la dynastie protestante de Hanovre, cependant vous avez toujours paru écouter avec plaisir les fanfaronnades et les prétendues prouesses des lairds de nos montagnes, et les histoires de ces temps de troubles, qu'ils feraient mieux de passer sous silence, attendu qu'elles leur font plus de honte que d'honneur.

Il m'est revenu aussi, par un vent de côté, comme je puis le dire, que vous avez eu des relations plus directes qu'il n'eût été nécessaire avec quelques individus de la secte pestiférée des quakers, gens qui ne connaissent ni prêtres, ni rois, ni magistrats, ni le code de nos lois, et qui ne veulent déposer en justice ni *in civilibus*, ni *in criminalibus*, quelque détriment qu'il puisse en résulter pour les sujets de Sa Majesté : relativement auxquelles hérésies vous feriez bien de lire *le Serpent sous l'herbe*, ou *le Pied hors du piège;* ce sont deux traités approuvés touchant ces doctrines.

Maintenant, M. Darsie, c'est à vous-même à juger si vous pouvez, sans danger pour le salut de votre ame, rester plus long-temps au milieu de ces papistes et de ces quakers, ayant des chutes à votre droite et des défections à votre gauche. Si vous vous sentez véritablement la force de résister à ces mauvais exemples de doctrine, je crois que vous ferez aussi bien de demeurer où vous êtes jusqu'à ce que vous ayez vu M. Herries de Birrenswork, qui connaît assurément vos affaires beaucoup mieux que je ne pensais qu'aucune personne en Écosse les connût. J'aurais désiré le pressentir à ce sujet; mais je ne l'ai pas trouvé disposé à parler, comme je vous l'ai déjà dit.

Pour appeler une autre cause, j'ai le plaisir de vous dire qu'Alan a subi ses examens particuliers sur les lois d'Écosse, à la satisfaction générale; ce qui est un grand soulagement pour mon esprit, d'autant plus que le digne M. Pest m'a dit à l'oreille que je pouvais compter que le gaillard, comme il l'appelle familièrement, ferait son chemin; ce qui m'a donné de bonnes espérances. Son examen public, qui n'est rien en comparaison, doit avoir lieu, par ordre de l'Honorable Doyen de la Faculté, mercredi prochain, et le vendredi suivant il prend la robe et donne ensuite un petit dîner à ses amis et à ses connaissances, ce qui est la coutume, comme vous le savez. Il ne sera pas le seul qui désirerait vous y voir, M. Darsie, et c'est avec regret que je vois que nous ne pouvons compter sur votre compagnie, tant à cause de vos engagemens particuliers, qu'attendu que notre cousin Pierre Fairford vient tout exprès de l'ouest, et que nous n'avons d'autre local à lui offrir que votre chambre.

Et pour vous parler avec franchise, suivant mes us et coutumes, M. Darsie, il vaut peut-être autant que vous et Alan, vous ne vous revoyiez que lorsqu'il sera en quelque sorte cloué à son nouvel état. Vous êtes un jeune homme aimable et d'humeur joviale, ce qui peut vous convenir, attendu que vous avez assez de fortune, autant que je puis le savoir, pour entretenir votre gaieté. Si vous faisiez de sages réflexions à ce sujet, vous songeriez qu'un homme qui se sent de l'aisance doit avoir une conduite prudente et une manière de penser solide. Et cependant bien loin d'être devenu plus grave et plus circonspect en voyant l'accroissement de votre revenu annuel, je crois que plus vous devenez riche, plus votre légèreté augmente. Au surplus il en doit être suivant votre bon plaisir, en tant que vous êtes la partie intéressée; mais Alan, sauf mes petites épargnes, a sa fortune à faire; et en sautant et folâtrant, comme vous aviez coutume de le faire ensemble, il réussissait plutôt à faire tomber la poudre de sa perruque et à vider son gousset. Néanmoins je me flatte que vous vous reverrez quand vous serez de retour de vos courses; car, comme le dit le sage, il y a un temps pour récolter et un temps pour semer, et l'homme de bon sens doit songer avant tout à la récolte.

Je suis, mon cher monsieur, votre ami sincère et obéissant,

ALEXANDRE FAIRFORD.

P. S. La thèse d'Alan a pour titre : *De periculo et commodo rei venditæ* (1), et c'est un très-joli morceau de latinité. Ross-House dans notre voisinage est presque achevé, et l'on croit que Dutt-House ne sera rien en comparaison.

(1) Des règles et des inconvéniens de la chose vendue. — Tr.

LETTRE X.

DARSIE LATIMER A ALAN FAIRFORD.

L'intrigue commence à se compliquer, Alan : j'ai reçu une lettre de vous et une de votre père ; et celle-ci m'empêche de me rendre aux prières affectueuses contenues dans la vôtre. Non, je ne puis vous aller joindre, Alan, et cela pour la meilleure de toutes les raisons : je ne puis ni ne dois contrarier les désirs bien prononcés de votre père. Je lui pardonne de tout mon cœur de souhaiter mon absence. Il est naturel qu'il désire pour son fils ce que son fils mérite si bien, un compagnon dont l'esprit soit plus rassis et plus solide qu'il ne suppose le mien ; et cependant je suis certain que j'ai maintes fois très-sérieusement travaillé à acquérir ce décorum de conduite qu'on ne peut pas plus soupçonner de sortir des bornes qu'on ne pourrait soupçonner un hibou de poursuivre un papillon.

Mais c'est en vain que j'ai froncé les sourcils au point de gagner des migraines, afin d'acquérir la réputation d'être un jeune homme grave, solide et d'un jugement sain : votre père a toujours découvert ou cru découvrir une secrète extravagance sous les rides que je creusais sur mon front, et qui rendait ma compagnie dangereuse pour un avocat futur, destiné à devenir juge. Eh bien! la philosophie du caporal Nymm doit être ma consolation : *Il en sera ce qu'il en sera* (1). Je ne puis aller chez votre père, puisqu'il désire que je n'y aille pas ; et quant à votre projet de venir me trouver ici, par tout ce que j'ai de plus cher, je jure que si vous faisiez un pareil trait de folie, pour ne pas dire de désobéissance et de cruauté, vu les désirs et la façon de penser de votre père, je ne vous parlerais de ma vie : c'est très-sérieusement que je vous le dis. D'ailleurs votre père, tout en me défendant, en quelque sorte, de retourner à Édimbourg, me donne les plus fortes raisons pour me faire rester encore quelque temps où je suis, puisqu'il me fait espérer que je pourrai apprendre de votre vieil ami, M. Herries de Birrenswork, quelques détails sur ma famille, que cet ancien rebelle paraît connaître.

Il a nommé à votre père une famille de Westmoreland qu'il suppose être la mienne. J'ai fait ici bien des enquêtes sur cette famille, mais inutilement, car les habitans des deux frontières ne se connaissent guère les uns les autres. J'espère pourtant trouver dans les environs quelque Anglais qui pourra répondre à mes questions, puisque la maudite chaîne dont le vieux Griffith m'a chargé gêne mes mouvemens au point de m'empêcher d'aller chercher moi-même des renseignemens en Angleterre. Du moins la probabilité d'en obte-

(1) Shakspeare, *Henry V*. — Éd.

nir est plus grande ici que partout ailleurs; et ce sera un motif pour me faire excuser de prolonger mon séjour ici encore quelque temps, ce qui paraît avoir l'approbation de votre père, dont le jugement doit avoir plus de poids que celui de votre damoiselle errante.

Quand la route qui conduit à une telle découverte serait hérissée de dangers, je n'hésiterais pas un instant à la suivre; mais dans le fait elle n'en offre aucun. Si les tritons du Solway veulent détruire les filets de l'honnête Josué, je n'ai ni le caractère d'un Don Quichotte ni les forces d'un Goliath, pour tenter de les en empêcher; je n'ai pas la moindre envie de chercher à soutenir sur mes épaules une maison qui s'écroule. D'ailleurs Josué m'a donné à entendre que, si les menaces qu'on lui a faites étaient mises à exécution, la compagnie dont il fait partie, et dans laquelle il se trouve, dit-il, des gens qui pensent à la manière du monde, poursuivrait les délinquans en justice, et obtiendrait des dommages et intérêts, dont probablement ses principes de non-résistance ne l'empêcheraient pas de prendre sa part. L'affaire suivra donc une marche légale, et je n'ai dessein d'y intervenir que lorsqu'il pourra être nécessaire de diriger les plaignans vers votre demeure; je vous recommande donc d'avoir soin qu'ils vous trouvent bien au fait de tous les statuts écossais relatifs à la pêche du saumon, depuis la *lex aquarum* (1) jusqu'aux règlemens plus récens.

Pour la dame à la mante, je gage que le soleil vous avait tellement ébloui les yeux dans cette mémorable matinée, que tout ce que vous regardiez vous paraissait

---

(1) Loi des eaux. — TR.

vert, et, malgré l'expérience que James Wilkinson a acquise dans les fusiliers, malgré son coup de sifflet, je parierais une demi-couronne que ce n'est, après tout, qu'une Peg-a-Ramsay (1). Que le billet de banque qu'elle vous a envoyé ne vous fasse pas croire le contraire. Elle saura trouver moyen de vous faire rendre gorge, et, si vous n'y prenez garde, de s'assurer en outre des dépouilles opimes, en faisant passer de votre poche dans la sienne les honoraires de toute une session. S'il en est autrement, et s'il y a véritablement quelque mystère caché sous cette visite, croyez-moi, c'en est un que vous ne pouvez pénétrer, et moi-même je ne chercherai pas encore à l'expliquer; car si je me trompe, et je puis aisément me tromper, j'aimerais mieux entrer dans le taureau de Phalaris, si je le voyais devant moi tout rouge, que de me voir mettre sur les charbons par vos plaisanteries. Ne m'accusez pas de manque de confiance, car, dès l'instant que je pourrai obtenir quelque jour sur cette affaire, vous en serez informé; mais quand je ne fais qu'errer dans les ténèbres, je ne me soucie pas que les gens sages me voient me casser peut-être le nez contre un poteau. Si cela vous émerveille, émerveillez-vous.

Jusqu'à ce que le temps éclaircisse le tout.

En attendant, mon cher Alan, je vais continuer mon journal.

Le troisième ou le quatrième jour après mon arrivée à Mont-Sharon, le temps, ce fossoyeur chauve auquel je viens de vous renvoyer tout à l'heure, a certainement marché plus lentement pour moi qu'il ne l'avait fait d'a-

(1) Femme de moyenne vertu. — ÉD.

bord. L'affectation très-morale de Josué et la simplicité huguenotte de sa sœur commençaient à perdre l'attrait que leur avait donné la nouveauté ; et ma manière de vivre, à force d'être paisible, me parut alors horriblement ennuyeuse : c'était, ainsi que vous le dites, comme si les quakers avaient mis le soleil dans leur poche. Tout était doux, paisible, agréable même autour de moi ; mais c'était une continuité et une uniformité d'action, une absence d'intérêt, une langueur sans espoir qui rendaient la vie insipide. Sans doute mon digne hôte et ma bonne hôtesse n'éprouvaient pas ce vide total, cette absence de toutes sensations vives qui accablait complètement leur jeune ami. Ils avaient leur routine ordinaire d'occupation, de charités, de plaisirs. Josué avait son jardin ; Rachel, sa basse-cour et son orangerie ; tous deux trouvaient une jouissance dans leurs pieuses méditations ; et, en somme, le temps se passait pour eux doucement et imperceptiblement, quoique pour moi, qui aime les cascades et les cataractes, le cours en parût complètement arrêté. Je pensais à retourner à Shepherd's Bush, et je commençais même à songer avec quelque regret à ma ligne et au petit Benjie. Le drôle a osé venir ici, et il rôde dans les environs, cherchant à m'apercevoir de temps en temps ; probablement parce qu'il voudrait pêcher dans ma poche quelques pièces de six pence. Mais, aux yeux de Josué, c'eût été, pour me servir d'un ancien symbole, faire comme la truie bien lavée se vautrant de nouveau dans le bourbier, et je résolus de ne pas heurter si violemment ses préjugés tant que je serais son hôte. Un point plus important, c'était d'abréger le séjour que je comptais faire chez lui ; mais, hélas ! c'était ce que je sentais être également impossible. J'avais promis d'y rester une semaine, et quelque téméraire que fût cette promesse elle devait être regardée comme sacrée et exécutée à la lettre, car les amis ne permettent pas qu'on en dévie le moins du monde.

Toutes ces considérations excitèrent en moi hier soir une telle impatience, que je pris brusquement mon chapeau pour faire une excursion hors des limites de la ferme bien cultivée et des jardins ornés de Mont-Sharon, comme si j'eusse voulu m'échapper des domaines de l'art pour entrer dans ceux de la nature.

Telles sont l'inconstance et l'instabilité de l'homme, que je ne sais trop si j'avais été plus enchanté en entrant pour la première fois dans ce paisible domaine, que je le fus en m'éloignant et en me retrouvant sur ces dunes qui m'avaient paru naguère si arides et si désertes. L'air que j'y respirais me semblait plus pur et plus balsamique. Les nuages, poussés par une brise d'été, et qui passaient gaiement sur ma tête les uns après les autres, tantôt obscurcissaient le soleil, tantôt ouvraient un passage aux rayons qu'il dardait sur diverses parties du paysage, et particulièrement sur le large miroir du golfe du Solway, que j'apercevais dans le lointain.

J'avançais, au milieu de cette scène, du pas agile d'un captif qui vient de recouvrer sa liberté ; et, comme le pèlerin de John Bunyan (1), j'aurais volontiers chanté en marchant, tant j'avais le cœur léger. Il semblait que ma gaieté s'était accrue pendant que j'étais obligé de la réprimer, et j'avais l'esprit disposé à dépenser les épar-

(1) *Le Voyage du Pèlerin* (chrétien). Voyez sur cet ouvrage les notes de *la Prison d'Édimbourg*. — Éd

gnes que j'avais faites la semaine précédente ; mais comme j'allais entonner une chanson joyeuse, j'entendis, avec autant de ravissement que de surprise, trois ou quatre voix chanter avec beaucoup de succès le vieux refrain suivant :

> Tous nos gaillards étaient joyeux :
> J'en avais trois, et vous en aviez deux,
> Et trois étaient à sir Grégoire ;
> Mais aucun n'oubliait de boire,
> Et s'abreuvant à qui mieux mieux,
> Tous nos gaillards étaient joyeux.

Ce chœur fut suivi de grands éclats de rire, par forme d'applaudissemens. Attiré par des sons qui étaient si bien d'accord avec la situation de mon esprit, j'avançai vers l'endroit d'où ils partaient, avec précaution pourtant, car on m'avait donné à entendre plus d'une fois que les dunes ne jouissaient pas d'une bonne renommée ; et les charmes de la musique, sans avoir la mélodie du chant des sirènes, pouvaient en avoir les conséquences désagréables pour un amateur imprudent.

J'avançai donc doucement, me flattant que l'inégalité de ce terrain, entrecoupé de creux et de monticules de sable, me permettrait de voir les musiciens avant d'en être aperçu. Le chant recommença ; les voix semblaient celles d'un homme et de deux enfans ; elles étaient dures, mais marquaient bien la mesure, et étaient ménagées avec trop d'art pour appartenir à des paysans ordinaires.

> Jemmy croit voir un cerf et court après un veau ;
> Tom, au lieu de bidet, monte sur un poteau ;
> Willy donne un bourbier au sien pour écurie ;
> Dick, voyant le soleil, criait à l'incendie ;

Car nos gaillards étaient joyeux;
J'en avais trois et vous en aviez deux,
Et trois étaient à sir Grégoire ;
Mais aucun n'oubliait de boire,
Et s'abreuvant à qui mieux mieux,
Tous nos gaillards étaient joyeux.

Les voix, en se mariant dans leurs différentes parties, et en faisant entendre ensemble, et puis séparément, toutes les partitions de ce vieux canon, semblaient se ressentir un peu des bacchanales que les chanteurs célébraient, et prouvaient évidemment que les musiciens s'occupaient d'une orgie semblable à celle des joyeux serviteurs du vieux Sir O'Lyne. Enfin je les aperçus : ils étaient trois, nichés fort à leur aise dans un renfoncement formé par le sable qui s'élevait d'un côté de manière à les abriter du vent, tandis qu'ils avaient de l'autre un beau rideau de houx en pleine fleur.

Je ne reconnus qu'un seul individu dans ce trio : c'était mon ancienne connaissance, le petit drôle de Benjie, qui, venant de finir sa partie, introduisait d'une main dans sa bouche un énorme morceau de croûte de pâté, tandis qu'il tenait de l'autre un pot de bière couronnée d'écume; ses yeux rayonnaient de toute la joie d'un plaisir défendu, et ses traits, qui ont en tout temps une expression de malice bien prononcée, proclamaient la douceur que l'appétit trouve au pain volé et à l'eau bue en cachette.

Il n'y avait pas à se méprendre sur la profession de l'homme et de la femme, compagnons de débauche de Benjie : la longue et large redingote du premier (ou couvre-coquin (1), comme on appelle vulgairement

---

(1) *Wrap-rascal.* — Éd.

cette espèce de manteau), l'étui à violon garni de courroies, qui était près de lui, et une besace qui pouvait contenir le peu d'effets à son usage, des yeux d'un gris pâle, des traits qui, pour avoir lutté contre plus d'un orage, n'en avaient pas perdu pour cela une expression de gaieté insouciante, et qui étaient en ce moment d'autant plus animés, qu'il exerçait pour son propre plaisir l'art qu'il pratiquait ordinairement pour gagner du pain; tout faisait assez reconnaître en lui un de ces disciples péripatéticiens d'Orphée, que le vulgaire appelle ménétriers ambulans. Le regardant plus attentivement, je découvris que, quoique les yeux du pauvre joueur de violon fussent ouverts, il en avait perdu l'usage; et que l'air d'extase avec lequel il les levait vers le ciel ne devait son expression apparente qu'à des émotions intérieures, sans aucun secours des objets visibles qui l'entouraient.

Près de lui était assise sa compagne, portant un chapeau d'homme, un habit bleu jadis destiné à l'usage du même sexe, et un jupon rouge. On remarquait sur sa personne et ses vêtemens plus de propreté qu'on n'en trouve ordinairement chez de pareils vagabonds; la chère dame ayant été de son temps une *buona roba* bien dodue, ne négligeait pas encore de donner quelques soins à son extérieur; elle avait un gros collier d'ambre, des boucles d'oreilles d'argent, et son plaid était attaché sur sa poitrine avec une épingle de même métal.

L'aveugle, malgré la grossièreté de ses vêtemens, était aussi assez propre, et il avait un mouchoir de soie en bon état, bien noué autour du cou, et sous lequel on apercevait une chemise blanche; sa barbe, au lieu de montrer ces brins hérissés que le rasoir n'a pas fauchés depuis plusieurs jours, tombait en abondance sur sa poitrine, à la longueur d'environ six pouces, et se réunissait à ses cheveux qui commençaient à peine à se charger des neiges de l'âge. Pour achever son portrait, il faut ajouter que la grande redingote dont j'ai déjà parlé était serrée autour de sa taille par une large ceinture antique, ornée de clous à tête de cuivre, et qu'elle soutenait la dague, le couteau et la fourchette qui en sont les accompagnemens ordinaires. Au total, cet homme avait un air d'étrange hardiesse que je ne me serais pas attendu à trouver dans un moderne ménétrier, et la manière avec laquelle il passait de temps en temps son archet sur les cordes de son violon, pour donner le ton à son chœur, n'était nullement celle d'un racleur ordinaire.

Vous devez comprendre que plusieurs de ces remarques furent le fruit de mes observations ultérieures; car à peine étais-je arrivé assez près pour distinguer le trio, que le compagnon inséparable de Benjie, le basset auquel il donne le nom très-convenable d'Hemp (1), commença à remuer la queue, à dresser les oreilles, et à aboyer en courant vers l'endroit où je m'étais pelotonné dans le dessein d'y rester caché, jusqu'à ce que j'eusse entendu une autre chanson. Cependant, en voyant Hemp accourir et me montrer les dents, je me relevai promptement, et lui appliquai sur les reins deux coups d'un bâton que j'avais en main, et qui le renvoyèrent à son maître en hurlant sur un autre ton.

Le petit drôle parut d'abord déconcerté en m'aperce-

---

(1) *Chanvre*, considéré comme la matière d'une corde de potence. — Éd.

vaut; mais, sachant que je n'étais pas d'une humeur rancuneuse, et se rappelant peut-être que Salomon, qu'il avait fait tant galoper, ne m'appartenait pas, il affecta sur-le-champ une grande joie, assura ses compagnons que j'étais un grand seigneur qui avait ses poches pleines d'argent, et compatissant pour les pauvres; puis il me dit, sans se donner le temps de reprendre haleine, que c'était là Willie Steenson, Willie-le-Vagabond (1), le meilleur joueur de violon qui eût jamais manié l'archet.

La femme se leva et me fit une révérence. Willie-le-Vagabond accorda sa sanction aux éloges qu'on venait de lui donner, par un mouvement de tête auquel il ajouta : — Tout ce que l'enfant dit est vrai.

Je lui demandai s'il était de ce canton.

— De ce canton! répliqua l'aveugle : je suis de tous les cantons de l'Écosse, et même un peu de l'Angleterre; cependant, dans un certain sens, je suis de ce canton, car, de l'endroit où je suis né, on peut entendre le bruit de la marée quand elle entre dans le golfe du Solway. Votre Honneur veut-il avoir un air de mon vieux gagne-pain?

Il préludait, tout en parlant d'une manière qui excitait vraiment ma curiosité. Prenant alors pour thème le vieil air de Galashiels (2), il l'embellit par une foule de variations compliquées et difficiles. Pendant ce temps, il était impossible de voir sans surprise l'expression

(1) *Wandering-Willie,* Willie le ménestrel errant. Le mot *vagabond,* ramené à sa signification primitive, nous semble traduire exactement la désignation de ce *rhapsode en haillons.* — Éd.

(2) Ancien air très-populaire en Ecosse, auquel Burns a adapté des paroles modernes. — Éd.

d'une physionomie privée de ses yeux, et qu'animaient un sentiment intime d'orgueil et le plaisir qu'il éprouvait en donnant cet échantillon d'un talent peu commun.

— Que pensez-vous de cela, pour un musicien de soixante-deux ans? me demanda-t-il ensuite.

Je lui exprimai mon étonnement et ma satisfaction.

— C'est un vieil air, répondit Willie, rien qu'un vieil air. Cela ne ressemble pas à la musique de vos salles de bals et de spectacles d'Édimbourg; mais c'est assez bon pour jouer au bord d'un fossé. En voici un autre: ce n'est pas un air écossais, quoiqu'on lui en donne le nom. Oswald l'a fait lui-même, je crois; il en a trompé plus d'un, mais je le défie de tromper Willie-le-Vagabond.

Il joua alors votre air favori de Roslin-Castle, avec de charmantes variations dont je suis sûr que quelques-unes étaient improvisées.

— Vous avez là un second violon, mon ami, lui dis-je; avez-vous un camarade?

Mais Willie était sourd, ou ses oreilles étaient encore occupées de la mélodie qu'il venait de produire; ce fut la femme qui répondit pour lui.

— Oh! oui, monsieur, sans doute nous avons un associé, un musicien ambulant comme nous. Ce n'est pas que mon bon Willie n'ait pu être mieux, s'il l'avait souhaité; car on lui a offert un coin dans plus d'une bonne maison, s'il avait voulu s'y tenir tranquille et jouer du violon aux gens comme il faut.

— Paix, femme, paix! dit l'aveugle en branlant la tête d'un air mécontent; n'étourdissez pas monsieur de votre bavardage. Rester dans une maison pour jouer du violon aux gens comme il faut ; prendre mon archet quand cela plaît à milady, et le quitter quand milord l'ordonne ; non, non, ce n'est pas là la vie qui convient à Willie. Mais regardez donc, Maggie, voyez si Robin arrive. Diable ! il faut qu'il soit sous le vent du punch de quelque contrebandier ; et, si cela est, il ne bougera pas de la nuit, j'en réponds.

— Voilà l'instrument de votre camarade, lui dis-je ; voulez-vous me permettre de l'essayer ? Et en même temps, je glissai un shilling dans la main de la femme.

— Je ne sais pas si je puis vous confier le violon de Robin, dit Willie d'un ton brusque. Sa femme le tira par l'habit. Laissez-moi, Maggie, lui dit-il sans s'inquiéter de l'avis tacite qu'elle lui donnait ; quoique monsieur puisse vous avoir lâché de l'argent, il peut se faire qu'il ne sache pas manier l'archet, et je ne veux pas confier le violon de Robin à un *ignoramus*. Cela ne va pourtant pas trop mal, ajouta-t-il comme je commençais à toucher l'instrument ; je crois que vous vous y connaissez un peu.

Pour le confirmer dans cette opinion favorable, je me mis à exécuter un air de bravoure si compliqué, que je croyais pétrifier cet autre Crowdero (1) d'envie et d'étonnement. Mes doigts volaient sur les cordes, depuis le ton le plus haut jusqu'au plus bas, comme ceux de Timothée ; mais le plus savant arpègement, les sons les plus harmonieux, n'excitaient pas en lui l'admiration à laquelle je m'attendais.

Il m'écoutait pourtant avec beaucoup d'attention, et

(1) Nom du ménétrier dans l'épopée burlesque d'Hudibras.
ÉD.

dès que j'eus fini, il prit son violon à son tour, et se mit à parodier d'une manière bizarre les tons compliqués que je venais de faire entendre. Quoique j'en fusse un peu piqué, il me fut impossible de ne pas en rire, tandis que Benjie éclatait à gorge déployée ; car son respect pour moi ne pouvait le réduire à aucune contrainte. La pauvre Maggie, craignant sans doute que je ne m'offensasse de cette familiarité, semblait partagée entre sa vénération conjugale pour Willie, et son désir de lui faire comprendre qu'il devait se conduire autrement.

Enfin l'aveugle s'arrêta de lui-même, et, comme s'il eût pensé m'avoir suffisamment critiqué par son espèce de parodie. — Malgré tout cela, me dit-il alors, avec un peu de pratique et quelques bonnes leçons, vous jouerez très-joliment ; mais il faut apprendre à y mettre plus d'ame ; oui, il faut y mettre plus d'ame.

Je jouai l'air avec plus de simplicité, et j'obtins des marques d'approbation plus décidées.

— Voilà qui ressemble à quelque chose, dit l'aveugle. Ah ! vous êtes un gaillard à qui il ne faut qu'en montrer.

Maggie le tira encore une fois par l'habit.

— Monsieur est un homme comme il faut, Willie, lui dit-elle ; il ne faut pas lui parler de cette manière.

— Et pourquoi ? répondit l'aveugle. Diable ! quand il serait dix fois homme comme il faut, il n'est pas en état de manier l'archet comme moi.

— Non, certainement, mon brave ami, lui dis-je ; et, si vous voulez me suivre dans une maison qui n'est pas très-éloignée d'ici, je serai charmé de passer la soirée avec vous.

M'étant retourné par hasard en prononçant ces mots, je vis Benjie cherchant à étouffer une maligne envie de rire. Je le saisis tout à coup par l'oreille, et je le forçai à avouer qu'il riait en pensant à l'accueil qu'un joueur de violon recevrait des quakers de Mont-Sharon. Je le repoussai rudement; mais je ne fus nullement fâché que son accès de gaieté m'eût rappelé à temps ce que j'avais un moment oublié; et j'engageai le musicien ambulant à venir avec moi à Shepherd's-Bush, d'où je me proposais de faire dire à M. Geddes que je ne retournerais pas chez lui cette soirée. Le ménétrier refusa aussi cette invitation. Il était engagé dans les environs pour faire danser toute la nuit; et il maudit énergiquement la paresse ou l'ivrognerie de son camarade, qui n'arrivait pas au rendez-vous.

— J'irai avec vous, je le remplacerai, m'écriai-je, poussé par une fantaisie qui me vint à l'esprit; et je vous donnerai une couronne (1) pour me faire passer pour votre camarade.

— Vous, remplacer Rob-le-Rôdeur! Sur ma foi! l'ami, vous n'êtes pas honteux! s'écria Willie d'un ton qui donnait le coup de grace à mon espièglerie.

Mais Maggie, à qui l'offre que j'avais faite d'une couronne n'avait pas échappé, suivit cette piste avec ardeur, et se mit à faire à son mari une espèce de mercuriale. — Ah! Willie, mon cher Willie, quand apprendrez-vous à être sage? Voilà une couronne que vous pouvez gagner sans autre embarras que de prononcer le nom d'un homme au lieu de celui d'un autre; je n'ai

---

(1) Deux shillings et demi, environ 3 fr. et 3 sous de France.
Éd.

pas autre chose dans ma poche qu'un shilling que Son Honneur vient de me donner, et un bodle (1) qui y était déjà, et vous ne voulez pas vous baisser pour ramasser l'argent qu'on jette à vos pieds! Vous mourrez comme le bidet du roulier, dans un enclos à bestiaux. Et qu'aurai-je à faire alors que de mourir avec vous, puisque vous ne voulez pas faire ce qu'il faut pour nous faire vivre tous deux?

— Pas tant de sornettes, femme! dit Willie, mais d'un ton moins absolu qu'auparavant. Est-ce vraiment un homme comme il faut, ou un musicien du métier?

— Je vous réponds que c'est un homme comme il faut, répondit Maggie.

— Et moi je vous réponds que vous n'y connaissez rien. Donnez-moi votre main, voisin, si cela vous convient.

Je lui donnai ma main, et il se dit à lui-même : — Oui, sans doute; voilà des mains qui n'ont pas vu beaucoup de service. Passant alors la sienne sur mes cheveux, sur mon visage, sur mes habits, il ajouta, toujours en soliloque : — Oui, oui, des cheveux musqués, du drap de première qualité, dix-sept cents chemises sur le dos, tout au moins. Et comment vous imaginez-vous, mon gaillard, que vous pouvez passer pour un ménétrier ambulant?

— Mon costume est fort simple, lui dis-je; et c'était la vérité, car je m'étais habillé le plus simplement possible, par complaisance pour mes amis les quakers; vous pouvez aisément me faire passer pour un jeune fermier qui a voulu s'amuser. Allons, je doublerai la couronne que je vous ai promise.

(1) Petite monnaie de cuivre d'Ecosse, un liard. — Éd.

— Au diable vos couronnes! s'écria le musicien désintéressé. Je ne serais pas fâché de jouer une ronde avec vous, c'est bien certain; vous faire passer pour fermier, avec une main qui n'a jamais touché ni bêche ni charrue, c'est impossible! Vous pouvez passer pour un apprenti d'un marchand de Dumfries, pour un étudiant qui court les champs, ou pour quelque chose de semblable, à la bonne heure. Mais écoutez-moi, gaillard; si vous comptez faire des vôtres avec les jeunes filles que vous rencontrerez, vous n'en serez pas bon marchand, je vous en préviens, car les pêcheurs ne sont pas endurans, et ils ne s'inquiètent pas des grands airs.

Je lui promis d'avoir autant de prudence que de civilité, et pour m'assurer les bonnes graces de Maggie, je lui glissai dans la main la récompense promise. L'oreille fine de l'aveugle l'avertit de cette petite manœuvre.

— Êtes-vous donc encore à manier de l'argent, femme? s'écria-t-il; je réponds que vous aimeriez mieux entendre deux pièces de douze pence battre l'une contre l'autre, qu'un air joué par Rory-Dall (1), s'il pouvait revenir en ce monde. Allez-vous-en chez la mère Gregson; préparez tout ce qu'il vous faut, et attendez-moi jusqu'à onze heures du matin. Si vous voyez Robin, envoyez-le-moi.

— Je n'irai donc pas à la danse? dit Maggie d'un air contrarié.

— Et pourquoi iriez-vous? lui répondit son seigneur et maître. Pour danser toute la nuit, j'en réponds, et

---

(1) Fameux joueur de Cornemuse cité dans *Waverley*. — ED

n'être pas en état de poser un pied devant l'autre demain matin, tandis que nous avons dix milles d'Écosse à faire. Non, non. — Mettez votre cheval à l'écurie, et votre femme au lit, quand vous avez à travailler de nuit.

— Eh bien! eh bien! Willie, vous savez ce qui est pour le mieux; mais ayez bien soin de vous, et songez que vous n'avez pas le bonheur de voir, lui dit sa tendre moitié.

— Votre langue fait que je suis las d'avoir le bonheur d'entendre, répondit Willie à cette recommandation conjugale.

Je pensai alors à moi à mon tour. — Un moment, bonnes gens, m'écriai-je; songez qu'il faut que j'envoie l'enfant à Mont-Sharon; et si vous allez à Shepherd's Bush, bonne femme, comment voulez-vous que je puisse conduire l'aveugle où il doit aller, moi qui ne connais presque pas le pays?

— Et vous connaissez encore moins le brave homme, monsieur, répondit Maggie, si vous vous imaginez qu'il ait besoin qu'on le conduise. Il est lui-même le meilleur guide que vous puissiez trouver entre Criffell et Carlisle: grandes routes, routes de traverse, chemins vicinaux, sentiers, il n'y a pas un pied de terrain dans tout le Nithsdale qu'il ne connaisse.

— Et vous pourriez ajouter dans toute l'Écosse, bonne femme, continua Willie; mais partez, Maggie: voilà le premier mot raisonnable que vous ayez dit de toute la journée. Je voudrais que la nuit fût bien sombre, et qu'il fît de la pluie et du vent, afin de faire voir à monsieur qu'il y a des momens où un aveugle voit plus clair que celui qui a de bons yeux; car je suis un guide aussi sûr dans les ténèbres qu'en plein jour.

Je ne fus pourtant pas fâché que mon compagnon n'eût pas à me donner cette preuve de son savoir-faire. J'écrivis un billet au crayon pour avertir Sam de m'amener mon cheval à minuit, à l'endroit que le porteur lui indiquerait, présumant que la fête serait alors terminée ; j'en adressai un autre au digne quaker, pour le prier de m'excuser, et je chargeai le petit Benjie de les porter.

Comme nous partions de trois côtés différens, la bonne femme me dit : — Oh ! monsieur ! si vous vouliez engager Willie à vous raconter une de ses histoires, pour vous abréger le chemin ! il parle aussi bien qu'un ministre en chaire, et il aurait pu être ministre lui-même, si...

— Taisez-vous, sotte ! s'écria l'aveugle. Mais, allons, Maggie, embrassez-moi ; il ne faut pas nous quitter avec humeur.

Et ce fut ainsi que nous nous séparâmes.

D. L.

LETTRE XI.

LE MÊME AU MÊME.

Figurez-vous maintenant, mon cher Alan, que vous nous voyez traverser les dunes en différentes directions. Regardez là-bas le petit Benjie qui court vers le nord, avec Hemp sur ses talons, tous deux se pressant comme s'il y allait de la vie; mais cela ne dure que tant que le drôle se sent à portée de ma vue, car il se promet bien de marcher sans se gêner, dès que mes yeux ne seront plus à craindre. Du côté de l'ouest, Maggie se rend tranquillement à Shepherd's Bush; elle est remarquable par sa grande taille, son chapeau à haute forme, et son plaid que le vent gonfle et relève au-dessus de son épaule gauche à mesure qu'elle s'éloigne et que les rayons du soleil se mettent de niveau avec la mer.

Donnez ensuite votre attention à Darsie Latimer, cheminant à grands pas vers l'orient avec sa nouvelle connaissance; Willie-le-Vagabond me précède avec autant de hardiesse et d'assurance que s'il avait tous les yeux d'Argus, excepté qu'il touche de temps en temps la terre de son bâton, non pas avec un air de doute et d'inquiétude, mais en pilote expérimenté et plein de confiance en lui-même, qui jette la sonde, quoiqu'il sache par cœur quelle est la profondeur de l'eau : vous nous voyez avancer ainsi tous deux, chacun ayant un violon sur le dos, mais l'un de nous ignorant totalement où doit se terminer sa course.

Et pourquoi avoir conçu si promptement l'idée d'une telle folie? me demandera mon prudent conseiller. Ma foi, je crois qu'au total, de même que l'ennui de la solitude et le désir de retrouver les agrémens réciproques de la société m'avaient déterminé à faire un séjour temporaire à Mont-Sharon, ainsi la simplicité tranquille de la conversation des Geddes et l'uniformité de leurs occupations et de leurs amusemens avaient fatigué mon caractère impatient, et me préparaient à la première escapade dont le hasard présenterait l'occasion.

Que n'aurais-je pas donné pour posséder la physionomie solennelle d'Alan Fairford, afin de pouvoir couvrir mon espiéglerie de cet air de gravité sous lequel il a tant de fois si bien caché les siennes! Vous avez, mon cher Alan, une manière si heureuse de faire sagement les plus grandes extravagances, que vous pourriez faire passer vos folies pour des actions raisonnables aux yeux de la prudence même.

D'après la direction que suivait mon guide, je commençai à soupçonner que la vallée de Brokenburn pouvait bien être le lieu de notre destination; et il me devint important d'examiner si je pouvais convenablement, et même sans aucun risque pour ma sûreté, me fier de nouveau à l'hospitalité de mon ancien hôte. Je demandai donc à Willie si nous nous rendions chez le Laird, comme on l'appelait.

— Connaissez-vous le Laird? dit Willie, interrompant une ouverture de Corelli dont il avait sifflé plusieurs airs avec beaucoup de talent.

— Je le connais un peu, répondis-je, et c'est pourquoi je doutais un peu que je dusse me présenter chez lui sous une sorte de déguisement.

— Et j'en douterais non-seulement un peu, mais beaucoup, avant de vous y conduire, car je crois que nous n'y gagnerions guère, vous et moi, que quelques coups. Non, non, mon gaillard, nous n'allons pas chez le Laird : nous nous rendons à une joyeuse assemblée à Brokenburn-Foot, où il y aura maints braves garçons et maintes jolies filles, et où nous trouverons peut-être aussi quelques personnes de chez le Laird; mais quant à lui, on ne le voit jamais à pareilles fêtes. Il ne pense qu'au fusil de chasse et à la lance à saumon, à présent qu'il n'est plus question pour lui de pique ni de mousquet.

— Il a donc servi ?

— J'en répondrais; mais suivez mon avis, et ne faites pas plus de questions sur le Laird qu'il n'en fait sur vous. Il ne faut pas éveiller les chiens quand ils dorment. Le mieux est de ne point parler du Laird. Au lieu de cela, dites-moi plutôt quelle sorte de gaillard vous faites, pour être si disposé à vous mettre de pair à compagnon avec un vieux ménétrier ambulant? Maggie dit que vous êtes un homme comme il faut. Mais un shilling fait pour Maggie toute la différence entre un homme comme il faut et un homme du commun; et votre couronne a fait de vous un prince du sang à ses

15.

yeux. Quant à moi, je sais fort bien que vous pouvez porter de beaux habits et avoir la main douce, et cependant en être redevable à la fainéantise tout aussi bien qu'à votre condition.

Je lui appris mon nom, en ajoutant, de même que je l'avais dit à Josué Geddes, que j'étais un étudiant en droit, et que, fatigué de mes études, je faisais une excursion pour me procurer de l'exercice et quelque amusement.

— Et êtes-vous dans l'habitude de vous associer avec tous les vagabonds que vous rencontrez marchant sur la grande route, ou accroupis dans un fossé?

— Oh! non, Willie; ce n'est qu'avec d'honnêtes gens comme vous que...

— D'honnêtes gens comme moi! Comment savez-vous si je suis honnête ou ce que je suis? Je puis être le diable lui-même, pour ce que vous en savez; car il a le pouvoir de se montrer déguisé en ange de lumière, et d'ailleurs il est excellent violon. Il a joué une sonate avec Corelli, comme vous savez.

Il y avait quelque chose d'étrange dans ces paroles et dans le ton dont elles furent prononcées. On aurait dit que mon compagnon n'était pas toujours dans son bon sens, ou qu'il voulait essayer s'il pourrait m'effrayer. Je ne fis que rire de l'extravagance de ce qu'il venait de me dire, et je lui demandai s'il me croyait assez fou pour penser que le diable voulût se masquer d'une façon si ridicule.

— Qu'en savez-vous? Vous n'en savez rien, répondit l'aveugle, fronçant les sourcils, secouant la tête et se frottant la barbe; je pourrais vous raconter quelque chose à ce sujet.

Je me rappelai en ce moment que sa femme m'avait dit qu'il était aussi bon conteur que bon musicien, et comme vous savez que j'aime les légendes superstitieuses, je le priai de me donner, chemin faisant, un échantillon de son second talent.

— Il est très-vrai, dit Willie, que lorsque je suis las de racler et de chanter des ballades, je me retire quelquefois d'affaire avec les villageois en leur racontant une histoire; et j'en sais quelques-unes qui sont si effrayantes qu'elles font trembler les vieilles femmes sur leurs escabelles, et sauter les enfans hors de leur lit pour aller se serrer contre leurs mères. Mais celle que je vais vous conter est arrivée dans ma propre famille, du temps de mon père, c'est-à-dire quand mon père était encore bien jeune; et je veux vous la raconter, parce qu'elle peut vous servir de leçon, à vous, jeune gaillard inconsidéré qui faites votre compagnie du premier venu que vous trouvez dans un lieu isolé; car il en résulta bien des soucis et de l'embarras pour mon père.

Il commença donc son histoire d'un ton fort distinct, levant et baissant la voix avec beaucoup d'art, suivant que la narration l'exigeait; parlant quelquefois tout bas, comme s'il eût craint d'être entendu, et tournant vers moi ses yeux gris, privés de la lumière du jour, comme s'il lui eût été possible de voir quelle impression son récit faisait sur mes traits. L'histoire est un peu longue, mais je ne vous ferai pas grace d'une syllabe. Il commença ainsi qu'il suit :

Histoire racontée par Willie-le-Vagabond.

—Vous devez avoir entendu parler de sir Robert Redgauntlet de Redgauntlet, qui demeurait dans ce canton il y a long-temps. Le pays se souviendra de lui, et nos pères osaient à peine respirer quand ils l'entendaient nommer. Il était avec les Highlanders du temps de Montrose; et on le vit encore sur les montagnes avec Glencairn en 1652 : aussi quand le roi Charles II fut de retour, qui était dans ses bonnes graces comme le laird de Redgauntlet? Il fut fait chevalier à la cour de Londres, de la propre main du roi; et étant un des plus ardens de ces diables d'épiscopaux, il arriva ici, furieux comme un lion, avec une commission de lieutenant du comté, chargé de réduire tous les Whigs, et tous ceux qui avaient pris parti pour le Covenant. Ce fut une terrible besogne; car les Whigs étaient aussi mutins que les Cavaliers étaient entêtés, et c'était à qui attaquerait l'autre le premier. Redgauntlet était toujours pour les coups, et son nom est aussi connu dans le pays que ceux de Claverhouse et de Tom Dalzel. Ni vallon, ni rocher, ni caverne ne pouvaient cacher les pauvres gens de nos montagnes, que Redgauntlet poursuivait au son du cor avec une meute de chiens, comme s'ils eussent été une troupe de daims. Et quand il en atteignait quelqu'un, il ne faisait pas plus de cérémonie avec lui qu'un montagnard n'en aurait fait avec un chevreuil. — Voulez-vous prêter le serment? disait-il; et si l'autre n'obéissait pas à l'instant même, c'était : —*Attention au commandement! Feu!* et on voyait un homme couché sur le carreau.

Aussi la haine et l'effroi qu'inspirait sir Robert s'étendaient bien loin. On croyait qu'il avait fait un traité avec le diable; qu'il était à l'épreuve de l'acier; que les balles étaient repoussées par son justaucorps de buffle, comme les grains de grêle par une muraille; qu'il avait une jument qui se changeait en lièvre de l'autre côté de Carrifra-Gawn; et bien d'autres choses dont je vous parlerai ci-après. La plus grande bénédiction qu'on lui donnait, c'était : — Que le diable emporte Redgauntlet!
— Et cependant ce n'était pas un mauvais maître, et ses fermiers l'aimaient : quant à ses soldats, qui l'aidaient dans les persécutions, comme les Whigs appelaient ce temps de désordre, il n'y avait pas un instant où ils ne fussent près de s'enivrer en buvant à sa santé.

Or il est bon que vous sachiez que mon grand-père demeurait sur les domaines de Redgauntlet, dans un endroit nommé Primrose-Knowe, et il y avait déjà bien long-temps que ma famille y était établie. C'était une demeure agréable, et je crois que l'air y est plus salubre et plus frais que partout ailleurs dans le pays : elle est déserte et abandonnée aujourd'hui; il n'y a que trois jours que j'étais assis sur le seuil brisé de la porte, et je me félicitais de mon impossibilité de voir dans quel état elle est aujourd'hui. Mais ce n'est pas ce dont il s'agit.

C'était donc là que demeurait mon grand-père Steenie Steenson; or mon grand-père était un gaillard qui, dans son jeune temps, avait fait des siennes, et avait couru le monde. Il était excellent joueur de cornemuse, fameux pour l'air : — *Hoopers* et *Ginders;* personne dans tout le Cumberland n'en approchait pour : *Jockie Luttin;* et il avait le meilleur doigté qu'on pût trouver entre Berwick et Carlisle. Un homme comme Steenie n'était pas du bois dont on fait les Whigs; de sorte qu'il devint Tory, c'est-à-dire jacobite, comme nous les appelons à présent, et cela par une sorte de nécessité, afin d'appartenir à un parti ou à l'autre; car il n'était pas mal intentionné contre les Whigs, et il n'aimait pas à voir couler le sang. Quoique obligé de suivre sir Robert à la chasse, c'est-à-dire à la guerre, il vit bien des choses qui lui déplaisaient, et en fit peut-être quelquefois lui-même, parce qu'il ne pouvait l'éviter.

Or Steenie était une espèce de favori de son maître, et il était connu de tous ceux qui étaient au château, de sorte qu'on l'envoyait souvent chercher pour jouer de la cornemuse quand on était à s'y divertir. Le vieux Dougal Mac Callum, le sommelier, qui avait suivi sir Robert par monts et par vaux, à tort et à travers, aimait passionnément cet instrument, et avait toujours un mot à dire au laird en faveur de mon grand-père; car il faisait de son maître tout ce qu'il voulait.

Arriva enfin la révolution, et l'on aurait cru qu'elle aurait brisé le cœur de Dougal et de son maître; mais le changement ne fut pas tout-à-fait aussi grand qu'ils le craignaient, et qu'on le croyait en général. Les Whigs faisaient grand bruit de ce qu'ils feraient à leurs anciens ennemis, et surtout à sir Robert Redgauntlet; mais il y avait trop de grands personnages qui avaient mis la main à l'œuvre pour qu'il fût facile de les atteindre tous. Le parlement ferma donc à peu près les yeux sur tout ce qui s'était passé, et sir Robert resta comme il était auparavant, si ce n'est qu'il n'eut plus pour s'amuser que la chasse des renards, au lieu de celle des partisans du Covenant. Ses orgies étaient aussi bruyantes qu'autrefois; son château était aussi bien illuminé que jamais;

et cependant il n'avait plus les amendes des non-conformistes, qui avaient coutume d'alimenter sa cave et son garde-manger; aussi est-il certain qu'il commença alors à regarder de plus près à ses rentes, et si ses fermiers oubliaient d'arriver le jour de l'échéance, le laird n'était pas content. Or il en imposait tellement, que personne ne se souciait de le mécontenter; car ses juremens, sa fureur et son air menaçant faisaient qu'on le croyait quelquefois un diable incarné.

Eh bien, mon grand-père n'était pas fort économe, non qu'il fût grand dépensier; mais il n'avait pas le don d'épargner, et il se trouva en arrière de deux termes. Il se retira d'affaire au premier, à l'aide de belles paroles et de sa cornemuse; mais quand vint la Saint-Martin, il reçut une sommation de payer sa rente ou de déguerpir. Ce n'était pas une chose facile pour Steenie que de se procurer de l'argent; mais il ne manquait pas d'amis, et, en fouillant dans toutes leurs bourses, il parvint à rassembler la somme, qui était de mille marcs. La plus grande partie lui avait été prêtée par un de ses voisins, nommé Laurie Lapraik, un fin renard qui ne manquait pas d'argent, qui savait poursuivre avec les chiens, et s'enfuir avec le lièvre, et qui était Whig ou Tory, saint ou pécheur, selon le vent. C'était un professeur dans la science de ce monde de révolutions; mais il aimait assez un air de cornemuse de temps en temps, et par-dessus tout il pensait que les emblavures, les bestiaux et le mobilier de la ferme de Primrose-Knowe étaient une bonne sûreté pour son argent.

Voilà donc mon grand-père parti, le cœur léger, et la bourse pesante, pour le château de Redgauntlet, bien charmé de n'avoir plus à craindre la colère du laird.

Eh bien, la première chose qu'il apprit en y arrivant, fut que sir Robert s'était procuré une attaque de goutte par l'impatience qu'il avait eue en voyant que Steenie n'était pas encore arrivé à midi. Ce n'était pas tant à cause de l'argent, comme le pensait Dougal, que parce qu'il ne se souciait pas de renvoyer mon grand-père de sa ferme. Dougal fut charmé de voir Steenie, et le fit entrer dans le grand salon, boisé en chêne, où le laird était seul, excepté qu'il avait près de lui un grand vilain singe, son favori, maudite bête qui jouait des tours d'enfer, à qui il n'était pas facile de plaire, et qui se mettait en colère pour un rien : courant dans tout le château, piaillant, pinçant, mordant, surtout à l'approche du mauvais temps ou de quelque révolution dans l'état. Sir Robert l'appelait le major Weird (1), d'après un sorcier qui avait été brûlé; et peu de gens aimaient le nom ou l'humeur de cette créature. On pensait qu'il y avait en elle quelque chose qui n'était pas ordinaire, et mon grand-père ne se trouva pas fort à son aise quand, la porte étant fermée, il se vit seul dans le salon avec le laird, Dougal Mac Callum et le major, chose qui ne lui était jamais arrivée auparavant.

Sir Robert était assis, je pourrais dire couché, sur un grand fauteuil à bras, en robe de chambre de velours, les pieds étendus sur un tabouret, car il était attaqué de la gravelle comme de la goutte, et il avait le visage aussi sombre et aussi terrible que celui de Satan. Devant lui était assis le major Weird, en habit rouge galonné, portant sur sa tête la perruque du laird; et

---

(1) Sorcier. — Éd.

toutes les fois que les souffrances faisaient faire une grimace à sir Robert, le singe en répétait une autre, ce qui faisait du maître et du singe un couple aussi laid qu'effrayant. Le justaucorps de buffle du laird était suspendu derrière lui à la muraille par le moyen d'un clou à crochet, et son sabre et ses pistolets étaient à sa portée ; car il conservait l'ancienne coutume d'avoir ses armes toujours prêtes, et un cheval sellé et bridé nuit et jour, comme il le faisait quand il était en état d'y monter, et qu'il pouvait se donner le plaisir d'aller relancer les pauvres Whigs qu'il avait découverts. Quelques-uns disent que c'était par crainte de la vengeance des Whigs ; mais je crois plutôt que c'était par habitude, car il n'était pas homme à craindre personne. Son registre de recette, relié en maroquin noir, et fermant avec des agrafes de cuivre, était à côté de lui ; et un livre de chansons joyeuses était placé entre les feuilles pour le tenir ouvert à l'endroit qui rendait témoignage contre Steenie de Primrose-Knowe, arriéré dans le paiement de ses rentes et redevances.

Sir Robert jeta sur mon grand-père un regard foudroyant. Il est bon que vous sachiez qu'il avait une manière de froncer les sourcils qui faisait qu'on voyait distinctement sur son front la marque profondément imprimée d'un fer à cheval.

— Êtes-vous venu les mains vides, fils d'une cornemuse que vous êtes ? dit sir Robert. Corbleu ! si cela est.....

Mon grand-père, d'un air aussi tranquille qu'il le put, avança une jambe, et mit sur la table le sac d'argent qu'il apportait avec un geste annonçant un homme qui s'applaudit d'avoir fait quelque chose avec adresse.

Le laird le tira à lui sur-le-champ. — Tout y est-il, Steenie?

—Votre Honneur trouvera le compte juste, répondit mon grand-père.

— Eh bien, Dougal, dit le laird, allez faire boire à Steenie un verre d'eau-de-vie pendant que je compterai l'argent et que je ferai la quittance.

Mais à peine étaient-ils sortis du salon que sir Robert poussa un cri qui fit trembler tout le château. Dougal retourna près de lui à la hâte. Tous les domestiques accoururent, et le laird ne cessait de pousser cri sur cri, les derniers toujours plus effrayans que les autres. Mon grand-père ne savait trop ce qu'il devait faire; mais enfin il se hasarda à rentrer dans le salon, où tout était sens dessus dessous, personne pour dire entrez ou sortez. Le laird hurlait d'une manière terrible en demandant de l'eau froide pour ses pieds et du vin pour se rafraîchir le gosier; et enfer! enfer! enfer! était le mot qu'il avait toujours à la bouche.

On lui apporta un baquet d'eau froide, et dès qu'il y eut mis ses pieds enflés, il les retira en s'écriant qu'elle les brûlait; et bien des gens disent qu'effectivement elle bouillait comme dans un chaudron qui est sur le feu. Il jeta à la tête de Dougal le verre de vin que celui-ci lui avait apporté, en lui disant qu'il lui donnait du sang au lieu de vin; et il est bien sûr que la servante, en nettoyant le tapis le lendemain, y trouva du sang caillé. Le singe qu'il appelait le major Weird criait et grimaçait comme s'il avait voulu se moquer de son maître. Mon grand-père sentit que la tête lui tournait : il ne songea plus ni à l'argent, ni à la quittance; il courut à l'escalier; mais, pendant qu'il descendait, les cris du laird diminuèrent de violence, il entendit comme un soupir, et au même instant on cria dans tout le château que le laird venait de mourir.

Eh bien, mon grand-père s'en alla, un doigt dans sa poche, ayant pour consolation que Dougal avait vu le sac d'argent, et qu'il avait entendu le laird parler de faire une quittance. Le jeune laird, alors sir John, arriva d'Édimbourg pour mettre de l'ordre dans les affaires. Son père et lui n'avaient jamais été trop bien d'accord. Il s'était fait avocat, et avait été membre du dernier parlement d'Écosse, qui vota l'union avec l'Angleterre, à quoi l'on assurait qu'il avait bien trouvé son compte; conduite pour laquelle son père lui aurait brisé la tête sur la pierre de son tombeau s'il avait pu en sortir. Bien des gens pensaient que le vieux bourru de chevalier était plus facile en affaires que le jeune homme à paroles dorées; mais nous reviendrons sur cela.

Dougal Mac Callum, pauvre homme, ne pleura ni ne cria; mais il parcourait toute la maison, pâle comme un cadavre, donnant tous les ordres pour l'enterrement, comme c'était son devoir. Tous les soirs, quand la nuit approchait, il avait l'air encore plus sombre que pendant la journée, et il était toujours le dernier à se retirer. Sa chambre était justement en face de celle que son maître occupait de son vivant, et dans laquelle son corps était alors étendu sur un lit de parade, comme on dit. Eh bien, la nuit d'avant les funérailles, Dougal ne put y tenir plus long-temps; il descendit du haut de sa fierté, et engagea le vieux Hutcheon à venir passer une heure dans sa chambre. Quand ils y furent, il lui offrit un verre d'eau-de-vie, s'en versa un autre, et le vida en lui disant qu'il lui souhaitait une bonne santé et une longue vie, attendu que pour lui il n'avait plus long-temps à rester en ce monde; car, toutes les nuits, depuis la mort de sir Robert, il entendait dans sa chambre son sifflet d'argent, comme quand son maître voulait le faire venir, pendant sa vie, pour l'aider à se retourner dans son lit. Il ajouta qu'étant seul avec le mort dans cette partie du château (car personne n'avait osé veiller près du corps de sir Robert Redgauntlet, comme on l'aurait fait près d'un autre), il n'avait jamais osé répondre au coup de sifflet, mais que sa conscience lui reprochait d'avoir manqué à son devoir : — Car, quoique la mort rompe tout engagement de service, continua-t-il, elle ne me fera jamais manquer à celui que je dois à sir Robert; et, quand le coup de sifflet partira, je me rendrai à mon devoir, Hutcheon, pourvu que vous consentiez à m'accompagner.

C'était une besogne dont Hutcheon ne se souciait guère; mais il avait fait la guerre avec Dougal et combattu à son côté, et il ne voulut pas l'abandonner en cette conjoncture. Ils restèrent donc attablés, ayant entre eux une pinte d'eau-de-vie; et Hutcheon, qui était quelque peu clerc, proposa de lire un chapitre de la Bible; mais Dougal ne voulut entendre qu'un fragment de David Lindsay (1), ce qui n'était pas de la meilleure préparation.

A minuit, tandis que toute la maison était silencieuse comme le tombeau, le son du sifflet d'argent se fit en-

---

(1) Ancien auteur écossais, qui joue un rôle dans *Marmion;* une comédie satirique de David Lindsay est quelquefois citée par sir Walter Scott. Voyez *Marmion.* — Éd.

tendre aussi distinctement que si sir Robert l'eût encore fait retentir. Les deux vieux serviteurs se levèrent à l'instant, et entrèrent d'un pas mal assuré dans la chambre où était le corps de leur maître. Hutcheon en vit assez du premier coup d'œil, car il y avait des torches allumées dans l'appartement, et il aperçut le diable sous sa propre forme, assis sur le cercueil du laird. Il tomba à la renverse, privé de connaissance, à la porte de la chambre, et il ne put dire combien de temps il était resté dans cet état. Quant il revint à lui, il appela son compagnon, et ne recevant pas de réponse, il éveilla toute la maison; on entra dans la chambre, et l'on trouva Dougal mort, à deux pas du lit sur lequel était le cercueil de son vieux maître. Quand au sifflet, il avait disparu pour toujours; mais on l'a entendu bien des fois depuis ce temps sur le haut du château, le long des créneaux, des murailles, entre les cheminées et sur les vieilles tourelles où les hibous font leurs nids. Sir John étouffa l'affaire, et les funérailles se firent sans qu'il fût question davantage de diables ni d'esprits.

Mais quand tout fut terminé, et que le nouveau laird commença à régler ses affaires, on avertit chaque fermier de venir payer ses rentes arriérées, et l'on demanda à mon grand-père le montant des deux termes dont il était encore censé redevable, d'après le registre de sir Robert. Vite, il courut au château pour conter son histoire, et on l'introduisit devant sir John, qui était assis sur le fauteuil de son père, en grand deuil, avec une grande cravate au cou et une petite rapière à son côté, au lieu du vieux grand sabre de son père, dont la lame, la garde et le fourreau pesaient au moins un quintal. J'ai entendu si souvent raconter la conversation qu'ils eurent ensemble, que je pourrais croire y avoir assisté moi-même, quoique je ne fusse pas né à cette époque.

(Dans le fait, Alan, mon vieux compagnon imitait d'une manière très-plaisante le ton flatteur et conciliant du fermier, et la tristesse hypocrite avec laquelle le laird lui répondait. Son grand-père, en lui parlant, me dit-il, avait les yeux fixés sur le fatal registre, comme s'il l'eût pris pour un boule-dogue prêt à lui sauter à la gorge.)

— Je suis charmé, sir John, de vous voir assis dans le fauteuil de vos ancêtres; je vous félicite d'avoir hérité de ce beau domaine, et je vous souhaite abondance de pain blanc. Votre père était un bon maître, sir John, et vous méritez bien de mettre ses souliers; je devrais dire ses bottes, car il ne portait guère de souliers, à moins que ce ne fussent des pantoufles fourrées, quand il avait la goutte.

— Hélas! Steenie, dit le laird en soupirant et en s'essuyant les yeux avec son mouchoir, mon père a été enlevé bien soudainement, et sa mort sera une grande perte pour le pays. Il n'a pas eu le temps de mettre ordre à ses affaires; mais il était bien préparé à paraître devant Dieu, j'espère; c'est l'important, quoiqu'il m'ait laissé un écheveau bien mêlé à dévider. Hem! hem! venons-en au fait, Steenie : j'ai beaucoup à faire, et peu de temps à perdre.

A ces mots il ouvrit le fatal registre. J'ai entendu parler de quelque chose qu'on appelle le livre du jugement, je suis sûr que c'est un livre de compte des débiteurs en retard.

— Steenie, dit sir John du même ton doucereux et

mielleux, Steenie Steenson, vous êtes porté ici pour une année de fermages arriérés, due à la Saint-Martin dernière.

Steenie. — S'il plaît à Votre Honneur, sir John, je l'ai payée à votre père.

Sir John. — Vous en avez sans doute reçu une quittance, Steenie, et vous pouvez me la montrer?

Steenie. — Je n'en ai pas eu le temps, Votre Honneur. A peine avais-je placé sur cette table l'argent que sir Robert allait compter pour m'en donner un reçu, qu'il fut attaqué du mal qui l'a emporté si soudainement.

— Cela est malheureux, dit sir John après une pause d'un instant; mais il se trouvait peut-être quelque témoin quand vous l'avez payé. Je ne vous demande qu'une preuve *talis qualis*, Steenie; je ne voudrais pas agir à la rigueur avec un brave homme.

Steenie. — En vérité, sir John, il n'y avait dans la chambre que Dougal Mac Callum, le sommelier; mais Votre Honneur sait qu'il a suivi son vieux maître.

— Cela est encore malheureux, Steenie, dit sir John sans que sa voix changeât d'une seule note; celui que vous dites avoir payé est mort, le témoin que vous indiquez comme ayant été présent au paiement est mort aussi, l'argent qui devrait se trouver quelque part n'a été vu par personne : comment voulez-vous que je croie tout cela?

Steenie. — Je n'en sais rien, Votre Honneur; mais voici un petit *memorandum* des espèces de monnaie que le sac contenait. J'ai emprunté cette somme de vingt personnes différentes, et chacune d'elles peut faire serment que je lui ai dit pourquoi je faisais cet emprunt.

Sir John. — Je ne doute pas que vous n'ayez emprunté, Steenie; mais c'est le paiement dont il faut que vous me donniez quelque preuve.

Steenie. — L'argent doit être quelque part dans la maison, sir John; et, puisque Votre Honneur ne l'a jamais vu, et que feu Son Honneur ne peut l'avoir emporté avec lui, il est possible que quelque domestique sache où il est.

Sir John. — Nous les interrogerons, Steenie; rien n'est plus juste.

Mais domestiques et servantes, pages et palefreniers, tous déclarèrent positivement qu'ils n'avaient jamais vu un sac d'argent pareil à celui dont mon grand-père donnait la description. Pour comble de malheur, il n'avait dit à aucun d'eux qu'il venait pour payer ses loyers. Une servante avait remarqué qu'il portait quelque chose sous le bras, mais elle avait cru que c'était sa cornemuse.

Sir John Redgauntlet donna ordre aux domestiques de se retirer, et dit alors à mon grand-père : — Vous voyez, Steenie, combien je suis disposé à vous rendre justice; mais, en bonne conscience, je crois que vous savez mieux que personne où trouver cet argent. Je vous engage donc pour vous-même à ne pas tergiverser davantage, car il faut payer ou déguerpir, Steenie.

— Que Dieu vous pardonne ce que vous méditez ! répliqua Steenie, ne sachant plus que répondre. Je suis un honnête homme.

— Je le suis aussi, reprit le laird, et j'espère qu'il en est de même de tous ceux qui habitent cette maison. Il se tut un instant, et ajouta d'un ton plus sévère: — S'il y a un fripon parmi nous, il faut que ce soit celui qui conte une histoire qu'il ne peut prouver. Si je vous comprends bien, vous voulez profiter de quelques bruits calomnieux qu'on a fait courir sur ma famille, et notamment sur la mort de mon père, pour vous dispenser de payer votre rente, et peut-être nuire à ma réputation, en donnant à entendre que j'ai reçu la somme que je vous demande. Où supposez-vous que soit cet argent? J'insiste pour le savoir.

Mon grand-père vit fort bien que tous les apparences étaient contre lui, et il en perdit presque l'esprit; il se tenait tantôt sur un pied, tantôt sur l'autre, regardait successivement tous les coins de la chambre, et ne répondait pas.

— Parlez, drôle! s'écria le laird en jetant sur lui un coup d'œil tout particulier, car c'était celui de son père quand il était en colère, et ses sourcils produisaient presque sur son front cette image effrayante de fer à cheval qu'on voyait quelquefois sur celui du défunt; parlez, vous dis-je, monsieur, je veux connaître vos pensées : osez-vous supposer que j'aie cet argent?

— A Dieu ne plaise que je dise une pareille chose! répondit Steenie.

— Accusez-vous quelqu'un de mes gens de se l'être approprié? demanda le laird du même ton.

— Je ne voudrais pas accuser celui qui est innocent, dit mon grand père; et si quelqu'un d'eux est coupable, je n'en ai pas de preuves.

— Il faut pourtant que l'argent soit quelque part, s'il y a un mot de vérité dans toute votre histoire, répliqua le laird; je vous demande où vous croyez qu'il est, et j'exige une réponse positive.

— Dans l'enfer, si vous voulez savoir ce que j'en

pense, s'écria mon grand-père poussé à bout; dans l'enfer, avec votre père et son sifflet d'argent.

Il s'enfuit à la hâte après avoir prononcé ces mots; car après un tel propos le salon n'était pas pour lui un lieu de sûreté; et, en s'en allant, il entendit le laird jurer aussi énergiquement que son père l'avait jamais fait, et appelant son bailli et l'officier de sa baronie (1).

Il courut chez son principal créancier, Laurie Lapraik, pour voir s'il pourrait en tirer quelque chose; mais quand il lui eut raconté son histoire, les mots *voleur*, *mendiant*, *banqueroutier*, furent les plus doux qu'il entendit sortir de sa bouche; et, après s'être servi de termes aussi durs, Laurie remit sur le tapis une vieille histoire, en reprochant à mon grand-père d'avoir trempé ses mains dans le sang des élus du Seigneur, comme si un fermier pouvait se dispenser d'obéir à son laird, et surtout à un laird comme sir Robert Redgauntlet. Steenie perdit alors toute patience, et pendant que Laurie et lui en étaient presque à se prendre aux cheveux, il fut assez malencontreux pour dire pis que pendre tant de l'homme que de la doctrine qu'il professait alors; oui, il lui dit des choses qui faisaient venir la chair de poule à ceux qui les entendaient; mais il était hors de lui, et il avait vécu avec des gens qui ne se gênaient ni pour parler ni pour agir.

Enfin ils se séparèrent, et mon grand-père, pour retourner chez lui, avait à traverser le bois de Pitmarkie, qui est plein de sapins noirs, comme on dit. Je connais le bois, mais vous sentez que je ne puis dire si les sapins sont noirs ou blancs; à l'entrée de ce bois est une

(1) Officiers de la justice baroniale. — Éd.

prairie communale, et, sur le bord de cette prairie, un petit cabaret, qui était alors tenu par une femme nommée Tibbie Faw. Mon grand-père s'arrêta à la porte, et demanda un *mutchkin* (1) d'eau-de-vie, car il n'avait encore rien pris de la journée. Tibbie l'engagea à descendre pour manger un morceau; mais il ne voulut pas seulement lever le pied de l'étrier, et il vida le mutchkin en deux traits, avec un double toast. Le premier était : — La mémoire de sir Robert Redgauntlet, et puisse-t-il n'être jamais tranquille dans sa tombe avant qu'il ait rendu justice à son pauvre fermier. — Le second était : — La santé de l'ennemi des hommes, pourvu qu'il me rende le sac d'argent, ou qu'il me dise ce qu'il est devenu. — Car il voyait que tout le monde allait le regarder comme un imposteur et un fripon, ce qui était pire pour lui que la perte de tout ce qu'il possédait.

Il avançait sans s'inquiéter où il allait. La nuit était obscure, et les arbres augmentaient encore l'obscurité; il laissa à sa monture le soin de trouver son chemin à travers le bois. Tout à coup son bidet, qui était épuisé de fatigue, commença à caracoler, à sauter, à se dresser sur les pieds de derrière, de sorte que mon grand-père pouvait à peine se maintenir en selle : sur quoi un cavalier, qui parut subitement à son côté, lui dit : — Vous avez un cheval bien vif, l'ami; voulez-vous me le vendre ?

A ces mots il toucha légèrement de sa houssine le cou du bidet, qui reprit sur-le-champ un trot fort tranquille. — Mais il paraît que son feu se passe vite, con-

---

(1) Mesure écossaise, une demi-pinte. — Éd.

tinua l'étranger ; c'est comme le courage de bien des gens qui se croient capables de faire de grandes choses, jusqu'à ce qu'ils soient mis à l'épreuve.

Mon grand-père l'écoutait à peine, et il donna un coup d'éperon à son cheval, en disant : — Bonsoir, l'ami !

Mais il paraît que l'étranger était de ces gens dont il n'est pas facile de se débarrasser, car Steenie avait beau aller au galop, au trot ou au pas, il le voyait toujours à son côté. Enfin mon grand-père, moitié mécontent, moitié effrayé, s'il faut dire la vérité, crut devoir lui adresser la parole.

— Que me voulez-vous donc, l'ami? lui dit-il; si vous êtes un voleur, je n'ai pas d'argent; si vous êtes un brave homme aimant la compagnie, je ne suis en train ni de rire ni de causer ; et si vous avez besoin qu'on vous indique la route, je sais à peine moi-même où je suis.

— Si vous avez quelques chagrins, répondit l'étranger, contez-les-moi, car vous voyez en moi quelqu'un qui n'a pas son pareil pour aider ses amis, quoique j'aie été moi-même bien maltraité dans le monde.

Mon grand-père, plutôt pour soulager son cœur que dans l'espoir d'en obtenir quelque secours, lui conta son histoire du commencement à la fin.

— Vous êtes dans un cas fâcheux, dit l'étranger, mais je crois que je puis vous en tirer.

— Pouvez-vous me prêter de l'argent à long terme, monsieur? demanda Steenie; je ne connais pas sur la terre d'autre moyen de me tirer d'embarras.

— Mais il peut s'en trouver sous la terre, répliqua l'étranger. Allons, il faut que je vous parle franchement. Je pourrais bien vous prêter de l'argent, mais ce serait à des conditions que vous vous feriez peut-être scrupule d'accepter. Je vous dirai donc que votre ancien laird est troublé dans sa tombe par vos malédictions et par les plaintes de votre famille; et si vous osez aller le voir, il vous donnera votre quittance.

Les cheveux de mon grand-père se dressèrent sur sa tête à cette proposition, mais il pensa que son compagnon était quelque plaisant qui voulait s'amuser et qui finirait peut-être par lui prêter de l'argent. D'ailleurs l'eau-de-vie lui avait donné du courage, et le chagrin l'avait mis au désespoir. Il lui répondit donc que, pour avoir sa quittance, il irait jusqu'à la porte de l'enfer et même un pas plus loin, s'il le fallait.

L'étranger se mit à rire. Ils continuèrent à s'avancer dans le plus épais du bois, et tout à coup le cheval s'arrêta à la porte d'une grande maison que Steenie aurait prise pour le château de Redgauntlet, s'il n'avait su qu'il en était à plus de dix milles. Ils passèrent sous la grande vieille porte cintrée, entrèrent dans la cour, virent tous les appartemens de la maison bien éclairés, entendirent le son des violons et des cornemuses; car il semblait qu'on y dansait et qu'on s'y amusait comme on avait coutume de le faire chez sir Robert aux fêtes de Noël, et dans d'autres circonstances semblables. Ils descendirent de cheval, et il sembla à mon grand-père qu'il attachait le sien au même anneau auquel il l'avait attaché quelques heures auparavant en arrivant chez sir John.

— Comment! dit Steenie, est-ce que la mort de sir Robert ne serait qu'un rêve!

Il frappa à la porte à sa manière ordinaire, et son

ancienne connaissance, Dougal Mac Callum, vint la lui ouvrir, selon sa coutume.

— Est-ce vous, Steenie? lui dit-il, sir Robert vous demande.

Mon grand-père était comme un homme qui fait un songe. Il se retourna pour voir l'étranger; il avait disparu. Enfin il recouvra la parole pour dire : — Eh quoi! Dougal, vous êtes encore vivant! je pensais que vous étiez mort.

— Ne vous inquiétez pas de moi, lui répondit Dougal, mais songez à vous-même, et ayez soin de ne rien accepter ici de personne; ni or, ni argent; ni à boire, ni à manger, si ce n'est la quittance qui vous est due.

A ces mots, il le fit passer dans le vestibule et l'antichambre que Steenie connaissait parfaitement, et il l'introduisit dans le vieux salon boisé en chêne, où l'on était à table; le vin ruisselait, les blasphèmes et les chansons joyeuses se faisaient entendre, comme c'était la coutume au château de Redgauntlet dans le meilleur temps.

Mais que le ciel nous protège! Quel assemblage effrayant de convives étaient assis autour de la table! Mon père en reconnut plusieurs qu'il savait avoir été placés depuis long-temps dans leur dernière demeure. Il y vit le féroce Middleton, le dissolu Rothes, l'astucieux Lauderdale, Earlshaw, ayant encore les mains teintes du sang de Cameron; le sauvage Bonshaw, qui avait garotté les membres du bienheureux M. Cargill, jusqu'à ce que le sang en jaillit; Dumbarton Douglas, deux fois traître à son roi et à sa patrie; le sanguinaire avocat-général Mackenzye, qui, pour son esprit et sa sagesse mondaine, avait été comme un dieu auprès des autres;

enfin Claverhouse, aussi beau que lorsqu'il vivait, avec
ses longs cheveux noirs bouclés qui tombaient sur son
justaucorps de buffle brodé, et ayant toujours la main
gauche près de son épaule droite, pour cacher la blessure que la balle d'argent y avait faite. Il était assis à
quelque distance des autres, et les regardait d'un air
hautain et mélancolique, tandis qu'ils riaient, chan-
taient et criaient à en ébranler la salle. Mais leur sourire semblait une convulsion effrayante; et leurs éclats
de rire produisaient des sons si étranges, que les ongles
de mon grand-père en devenaient bleus, et qu'il sentait
la moelle de ses os se figer.

Ceux qui les servaient à table étaient les serviteurs et
soldats qui avaient été, pendant leur vie, les sanguinaires exécuteurs des ordres barbares de leurs maîtres.
On y voyait Land-Lad de Nethertown, qui avait aidé à
prendre Argyll; celui qu'on appelait le Trompette du
Diable, et qui avait fait les sommations à l'évêque; les
sauvages Amorrheens des Highlands, qui avaient répandu le sang comme de l'eau; les cruels soldats aux
gardes avec leurs uniformes galonnés, et maint orgueilleux serviteur, à cœur hautain, à main ensanglantée,
rampant sous les grands pour les rendre encore plus
méchans qu'ils ne l'auraient été; et foulant aux pieds
le pauvre abattu par le riche dans la poussière. On les
voyait aller et venir, aussi actifs dans leur service qu'ils
l'avaient été de leur vivant.

Au milieu de cette horrible orgie, sir Robert Redgauntlet ordonna à Steenie, d'une voix de tonnerre,
de s'approcher de lui. Il était assis au haut de la table,
les jambes étendues, et enveloppées de flanelle; ses pistolets d'arçon à côté de lui, et son grand sabre appuyé

contre son fauteuil, précisément comme Steenie l'avait vu la dernière fois dans son château. Le coussin destiné à son grand singe était près de lui, mais l'animal n'y était pas; son heure n'était pas encore arrivée probablement, car mon grand-père entendit dire, pendant qu'il entrait : — Le major n'est-il pas encore venu ? Et un autre répondait : — Il arrivera à temps dans la matinée. Et, quand il s'avança, sir Robert, ou son esprit, ou le diable sous sa ressemblance, lui dit:

— Eh bien, Steenie, vous êtes-vous arrangé avec mon fils, pour le paiement de l'année de vos rentes ?

Ce ne fut pas sans peine que mon grand-père eut la force de lui répondre que sir John ne voulait entendre parler d'aucun arrangement sans la quittance de Son Honneur.

— Vous l'aurez pour un air de cornemuse, Steenie, dit sir Robert, ou ce qui paraissait être sir Robert; — jouez-nous l'air : — *Bien sautillé, la mère.*

C'était un air que mon grand-père avait appris d'un sorcier qui l'avait entendu jouer au sabbat, et il l'avait quelquefois joué dans les orgies qui avaient lieu au château de Redgauntlet, mais toujours à contre-cœur; or, en ce moment, son sang se figea dans ses veines, rien que d'en entendre parler ; et il dit, pour s'excuser, qu'il n'avait pas apporté sa cornemuse.

— Mac Callum, fils de Belzébuth, s'écria sir Robert d'une voix effrayante, apportez à Steenie la cornemuse que je garde pour lui.

Dougal apporta une cornemuse qui aurait été digne de servir au barde de Donald des Iles. Mais en l'offrant à mon grand-père, il lui donna un coup de coude; et Steenie la regardant de côté, mais avec attention, s'aperçut que les tuyaux en étaient d'acier, et avaient été rougis au feu, de sorte que ce fut un bon avis pour lui de ne pas s'y brûler les doigts. Il s'excusa donc encore une fois en disant qu'il était si effrayé et si faible, qu'il n'aurait pas assez d'haleine pour en enfler le sac.

— Il faut donc que vous mangiez et que vous buviez, Steenie, répliqua sir Robert, car ici nous ne faisons guère autre chose, et ventre affamé ne peut converser avec ventre plein.

Or c'était précisément ce qu'avait dit le sanguinaire comte de Douglas pour retenir le messager du roi, tandis qu'il faisait trancher la tête de Mac Lellan de Bombie, dans le château de Treave, et Steenie ne s'en tint que mieux sur ses gardes. Il parla en homme, et dit qu'il ne venait ni pour boire ni pour manger, ni pour jouer de la cornemuse, mais pour avoir ce qui lui était dû, pour savoir ce qu'était devenu son argent, pour en avoir quittance. Il se sentait même tant de courage en ce moment qu'il dit à sir Robert que, par égard pour sa conscience, car il n'avait pas le pouvoir de prononcer le Saint Nom, et s'il désirait la paix et la tranquillité, il devait lui donner ce qui lui était dû, et non pas lui tendre de pièges.

Sir Robert rit et grinça les dents; mais il prit la quittance dans un grand porte-feuille et la remit à Steenie: — Voilà votre quittance, misérable aboyeur, lui dit-il; et quant à l'argent, mon fils n'a qu'à le chercher dans le Berceau du chat.

Mon grand-père lui fit ses remerciemens; et il allait se retirer, quand sir Robert s'écria à haute voix : — Un moment, sac-à-vin, je n'ai pas encore fini avec toi. Ici nous ne faisons rien pour rien, et il faut que tu y re-

17.

viennes d'aujourd'hui en un an, rendre à ton maître l'hommage que tu lui dois pour la protection qu'il t'accorde.

La langue de Steenie se trouva déliée tout à coup. — Il en sera ce qu'il plaira, non à vous, répondit-il, mais à Dieu.

A peine eut-il prononcé ce dernier mot, qu'il se trouva dans d'épaisses ténèbres, et il tomba par terre si rudement qu'il en perdit la respiration et la connaissance.

Jamais il ne put dire combien il était resté de temps en cet état; mais quand il revint à lui, il était étendu dans le cimetière de la paroisse de Redgauntlet, précisément à la porte du caveau où était la sépulture de la famille de sir Robert, dont les armoiries étaient exactement sur sa tête. L'herbe et les pierres sépulcrales d'alentour étaient couvertes de rosée, et son cheval paissait tranquillement à côté des deux vaches du ministre. Steenie aurait cru que tout ce qui lui était arrivé n'était qu'un rêve; mais il tenait en main la quittance écrite et signée par le vieux laird, si ce n'est que les dernières lettres de son nom n'étaient pas tracées d'une main aussi ferme que le reste, comme si sir Robert eût été saisi d'une douleur soudaine en finissant d'écrire.

Mon père monta à cheval, sortit de ce lieu de désolation, et, l'esprit étrangement troublé, se rendit sur-le-champ au château de Redgauntlet, où ce ne fut pas sans peine qu'il obtint la permission de parler au laird.

— Eh bien! imposteur, banqueroutier, lui dit sir John dès qu'il l'aperçut, m'apportez-vous votre rente?

STEENIE. — Non, Votre Honneur, je ne vous l'apporte pas; mais voici la quittance de votre père.

Sir John. — Comment! drôle, la quittance de mon père! vous m'avez dit qu'il ne vous en avait pas donné.

Steenie. — Votre Honneur veut-il bien voir si elle est en règle?

Sir John regarda avec beaucoup d'attention chaque ligne et chaque lettre, et lisant enfin la date, sur laquelle mon grand-père n'avait pas jeté les yeux, et qui était : *Du lieu de ma destination, le 25 novembre* : — Quoi! s'écria-t-il; d'hier, misérable! il faut que tu aies été la chercher en enfer!

Steenie. — Je ne sais si c'était en enfer ou dans le ciel, mais je la tiens des mains du père de Votre Honneur.

Sir John. — Je te dénoncerai au conseil privé comme sorcier. Je t'enverrai à ton maître Satan, à l'aide d'un baril de poix et d'une torche.

Steenie. — J'ai dessein de faire rapport moi-même au Presbytère (1) de tout ce que j'ai vu la nuit dernière, sir John : ce sont des choses dont il est plus en état de juger qu'un pauvre homme comme moi.

Sir John réfléchit un instant, devint plus calme, dit à mon grand-père de lui faire connaître en détail tout ce qui lui était arrivé ; et Steenie lui raconta toute l'histoire de point en point, comme je viens de le faire, mot pour mot, ni plus ni moins.

Sir John garda le silence encore assez long-temps, après quoi il dit à mon père d'un ton plus doux : — Steenie, l'histoire que vous venez de me conter touche

---

(1) C'est-à-dire au tribunal ecclésiastique du canton. Voyez sur la hiérarchie presbytérienne les notes du tome 1er de *Waverley*.

Éd.

à l'honneur de plus d'une noble famille, outre la mienne. Si c'est un mensonge pour vous tirer d'affaire avec moi, vous pouvez vous attendre tout au moins à avoir la langue percée d'un fer rouge, ce qui ne vaudrait guère mieux que de se brûler les doigts aux tuyaux d'acier rougi d'une cornemuse. Cependant il est possible qu'elle soit vraie, Steenie, et si l'argent se trouve, je ne saurai qu'en penser. Voyons, où chercher le berceau du chat? Il ne manque pas de chats dans le château; mais je crois qu'ils mettent bas leur portée sans avoir besoin de lit ni de berceau.

— Il faudrait en parler à Hutcheon, dit Steenie; il connaît tous les coins et recoins de cette maison aussi bien que... aussi bien qu'un autre vieux serviteur de cette famille qui n'est plus de ce monde, et que je ne me soucie pas de nommer.

On fit venir Hutcheon, et il leur dit qu'il y avait une vieille tourelle en ruine, inhabitée depuis long-temps et située près de l'horloge, dans laquelle il fallait monter avec une échelle, attendu qu'on ne pouvait y pénétrer que par l'extérieur, bien au-dessus des créneaux; que cette tourelle s'appelait le *Berceau du Chat*.

— J'y monterai sur-le-champ, dit sir John; et prenant, Dieu sait dans quel dessein, un des pistolets de son père, qui étaient restés sur la table depuis le jour de sa mort, il monta sur la plate-forme du château.

C'était une entreprise qui n'était pas sans danger, car l'échelle était vieille et vermoulue, et il y manquait un ou deux barreaux. Sir John y monta pourtant, et arriva à l'ouverture étroite qui servait d'entrée à la tourelle, où son corps empêchait la lumière de pénétrer. A l'instant quelque chose se jette sur lui avec violence comme pour le précipiter à bas de l'échelle; le coup de pistolet part, et Hutcheon, qui tenait l'échelle, ainsi que mon grand-père qui était à côté de lui, entendent un grand cri. Une minute après sir John leur jette le corps du grand singe en leur criant qu'il a trouvé l'argent, et en leur disant de venir le joindre. Ils montèrent, et ils trouvèrent non-seulement le sac d'argent, mais beaucoup d'autres objets qui depuis quelque temps avaient disparu.

Quand sir John eut fait sa revue de la tourelle, il conduisit mon père dans la salle à manger, lui prit la main, lui parla avec bonté, lui dit qu'il était fâché d'avoir douté de sa parole, et que, pour l'en dédommager, il serait désormais un bon maître pour lui.

— Et maintenant, Steenie, ajouta-t-il, quoique, tout bien considéré, votre vision soit honorable pour mon père, puisqu'elle prouve que, même après sa mort, il a voulu, en honnête homme, que justice vous fût faite, vous devez pourtant en conclure que des gens mal intentionnés pourraient en tirer de malveillantes insinuations touchant le salut de son ame. Je crois donc que nous ferons bien de rejeter toute l'affaire sur cette malfaisante créature, le major Weird, et de ne point parler de votre rêve dans le bois de Pitmarkie. Vous aviez bu trop d'eau-de-vie pour être bien certain de rien, Steenie; et quant à cette quittance... (sa main tremblait en la tenant), c'est une pièce fort étrange, et je pense que ce que nous pouvons faire de mieux, c'est de la jeter tranquillement au feu.

— Mais, toute étrange qu'elle est, c'est la seule sûreté que je possède pour les rentes que j'ai payées, dit mon grand-père, qui craignait peut-être de courir quelque risque en se dessaisissant du reçu de sir Robert.

— J'en porterai le montant en recette sur le registre, répondit sir John ; je vous en donnerai moi-même une autre, et cela à l'instant même ; bien plus, si vous pouvez retenir votre langue et ne point parler de cette affaire, je vous ferai une diminution sur vos rentes.

— J'en remercie Votre Honneur, répondit Steenie, qui vit aisément de quel côté venait le vent ; sans contredit je me conformerai à ce que désire Votre Honneur ; seulement je voudrais pouvoir parler à ce sujet à quelque habile ministre, car je n'aime pas cette espèce de rendez-vous que le père de Votre Honneur...

— N'appelez pas ce fantôme mon père ! s'écria sir John.

— Eh bien donc, reprit Steenie, celui qui avait pris sa ressemblance m'a dit d'aller le revoir dans un an, et c'est un poids sur ma conscience.

— Si c'est là ce qui vous trouble l'esprit, dit sir John, vous pouvez en parler au ministre de notre paroisse : c'est un homme sage et éclairé, et qui a des égards pour l'honneur de notre famille, d'autant plus qu'il a besoin de mon patronage.

Tout en parlant ainsi il écrivait la nouvelle quittance ; quand il l'eut remise à mon grand-père, il n'y eut plus de difficulté à brûler l'autre, et le laird la jeta dans le feu de sa propre main. Mais du diable si elle voulut brûler. Elle s'envola par la cheminée, suivie d'un cortège d'étincelles, et en faisant le même bruit qu'un pétard.

Mon grand-père se rendit à la Manse (1) ; et le mi-

---

(1) Maison du ministre. — Ed.

nistre, après avoir entendu toute l'histoire, lui dit qu'il avait couru de grands risques, mais que, comme il n'avait pas accepté les arrhes du diable, car il interprétait ainsi l'offre qu'on lui avait faite de lui donner à boire et à manger, et qu'il avait refusé de lui rendre hommage en jouant de la cornemuse à son ordre, son opinion était que, s'il se conduisait avec circonspection à l'avenir, Satan ne pourrait tirer aucun avantage contre lui de tout ce qui s'était passé. Et, dans le fait, mon grand-père, de son propre mouvement, passa bien du temps sans toucher à son instrument et sans boire un verre d'eau-de-vie, car ce ne fut qu'après que l'année fut expirée, et que le jour fatal fut passé, qu'il reprit sa cornemuse et qu'il se permit un coup d'*usquebaugh* ou de *two-penny* (1).

Sir John raconta l'histoire du singe comme bon lui sembla; et il y a des gens qui ne voient encore dans toute cette affaire qu'une preuve du caractère pillard de cette créature. Vous en trouveriez même que vous ne pourriez pas empêcher de croire que ce n'était pas le vieil ennemi du genre humain que Dougal et Hutcheon avaient vu dans la chambre de sir Robert, mais plutôt le maudit singe qui s'était placé sur son cercueil; et que, quant aux coups de sifflet qu'on avait entendus après la mort du laird dans sa chambre, cet animal était en état de siffler tout aussi bien que son maître, sinon mieux. Mais le ciel connaît la vérité, et ce fut d'abord la femme du ministre qui la dévoila au monde après la mort de son mari et du laird. Et alors mon grand-père, dont le corps était affaibli par l'âge, mais qui n'avait

---

(1) *Usquebaugh* ou wisky; *two-penny*, petite bière. — Éd.

rien perdu, du moins en apparence, du côté de la mémoire et du jugement, fut obligé de conter à ses amis l'histoire véritable, par égard pour lui-même, sans quoi on l'aurait fait passer pour sorcier. —

Les ombres de la nuit s'épaississaient lorsque mon conducteur finit sa longue histoire, et il ajouta pour morale : — Vous voyez qu'il n'est pas prudent de prendre un étranger pour guide quand on est dans un pays qu'on ne connaît pas.

— Je n'en aurais pas tiré cette conclusion, lui dis-je; l'aventure de votre aïeul fut heureuse pour lui, puisqu'elle le sauva de sa ruine; et elle le fut aussi pour le laird en l'empêchant de commettre un acte d'injustice.

— Oui; mais ils eurent tous deux leur lopin tôt ou tard, répondit Willie-le-Vagabond. Ce qui était différé ne fut pas perdu : sir John mourut qu'il n'avait guère que soixante ans, et il ne fut qu'un instant malade. Il est bien vrai que mon grand-père mourut tranquillement à un âge fort avancé; mais mon père, homme vigoureux de quarante-cinq ans, tomba un beau jour derrière sa charrue et ne se releva jamais. Il ne laissa d'autre enfant que moi, pauvre aveugle, n'ayant ni père ni mère, et ne pouvant ni travailler ni mourir de faim. Les choses allèrent pourtant assez bien pendant quelque temps, car sir Redwald Redgauntlet, fils unique de sir John, petit-fils de sir Robert, et hélas! le dernier rejeton de cette honorable famille, me retira la ferme, et me prit chez lui par compassion. Il aimait la musique, et j'eus les meilleurs maîtres qu'on pouvait trouver en Écosse et en Angleterre. J'ai passé avec lui bien des années heureuses ; mais, hélas ! il fit comme tant d'autres en 1745. Je n'en dirai pas davantage ; j'ai toujours eu le cerveau un peu dérangé depuis que je l'ai perdu ; et si je disais un mot de plus, je serais hors d'état de jouer de toute la nuit. Mais regardez donc, mon gaillard, ajouta-t-il en prenant un ton différent, vous devriez maintenant voir briller les lumières de Brokenburn.

D. L.

LETTRE XII.

LE MÊME AU MÊME.

Je continue à vous écrire assez longuement, quoique le sujet dont je vous entretiens vous semble peut-être n'offrir que peu d'intérêt. Que les graces de la narration, si je puis lui en donner, ou du moins que notre amitié mutuelle, vous dédommagent donc de son peu d'importance! Nous autres fous d'imagination, nous nous laissons tromper, comme Malvolio (1), par nos propres rêves; mais nous avons cet avantage sur les sages de la terre, que nous avons à notre disposition toutes nos jouissances, et que nous pouvons nous préparer à volonté un banquet intellectuel, sans beaucoup

(1) Malvolio, que l'auteur cite souvent, est un intendant plein de suffisance, à qui on a peu de peine à persuader qu'il a beaucoup de mérite. Voyez la pièce de Shakspeare intitulée *la Soirée des Rois*. — ED.

d'aide des objets extérieurs. Il est bien vrai que c'est, en quelque sorte, le festin que le Barmécide servit à Alnachar; et nous ne pouvons espérer d'engraisser beaucoup avec un tel régime. Mais aussi nous n'éprouvons ni cette satiété, ni ces dégoûts qui suivent souvent un banquet plus matériel. En résumé, je puis encore dire avec l'ode aux Châteaux en Espagne (1) :

> Donnez-moi l'espérance,
> Qui, sans lasser le cœur, suffit pour le remplir;
> Donnez-moi cette aisance
> Qui n'agite jamais ses ailes pour s'enfuir;
> Donnez-moi ce bonheur, peut-être imaginaire,
> Que promet l'amitié;
> Donnez-moi ce qui peut adoucir la misère,
> Une tendre pitié.

Ainsi donc, en dépit du sourire solennel que j'aperçois d'ici, je continuerai à tâcher d'obtenir pour mes aventures fort peu extraordinaires autant d'intérêt que je le pourrai, quand même cet intérêt n'existerait que dans mon imagination; et je n'épargnerai pas à vos yeux la fatigue de lire le griffonnage qui vous en transmet le récit.

J'en suis resté, dans ma dernière lettre, à l'instant où nous allions descendre dans la vallée de Brokenburn, en suivant le chemin dangereux par où j'avais déjà passé, en croupe derrière un cavalier courant au grand galop; chemin que je parcourais de nouveau, précédé par un guide bien précaire, un aveugle.

Il commençait à faire nuit; mais cette circonstance n'embarrassait guère mon conducteur, qui continuait

---

(1) *Ode to castle-building.* — Éd.

à marcher d'un pas sûr dont il ne pouvait être redevable qu'à l'instinct. Nous fûmes bientôt dans le vallon, et je vis briller de la lumière dans la chaumière qui m'avait servi de refuge quelques jours auparavant, mais qui n'était pas en ce moment le but de notre course. Nous laissâmes sur la gauche l'habitation du laird, et, longeant le cours du ruisseau, nous ne tardâmes pas à approcher du petit hameau situé près de son embouchure; situation choisie sans doute parce qu'elle offrait un petit havre commode pour les barques des pêcheurs. Une chaumière peu élevée, mais assez large, qui était en face de nous, semblait parfaitement éclairée, car on en voyait sortir la lumière non-seulement par la porte, les fenêtres et les lucarnes, mais même par les fentes qui se trouvaient entre les lattes couvertes de tourbe et de chaume qui en formaient le toit.

Tandis que mes yeux s'occupaient ainsi, mon compagnon écoutait avec attention un bruit successif et régulier dont j'aurais eu quelque peine à expliquer la nature, mais qu'il reconnut sur-le-champ pour être produit par des sauts sur le plancher, accompagnés de quelques sons de musique, que je distinguais à peine. Il frappa la terre de son bâton avec violence, et s'écria d'un ton courroucé :

— Ces coquins de pêcheurs! les voilà qui ont amené un autre violon sur mes brisées! Les maudits contrebandiers! il faut qu'il y ait de la fraude jusque dans leur musique! mais je leur apprendrai qu'on ne se joue pas de moi comme d'un commis des douanes. Un moment! écoutez! ce n'est pas un violon! c'est ce Simon Sowport de Nicol-Forest, avec sa flûte et son tambourin, mais je le tambourinerai! Que j'aie une fois la main gauche sur sa cravate, et vous verrez ce que fera la droite. Allons! marchez, marchez, mon gaillard : ce n'est pas le moment de compter et de mesurer vos pas.

Et en parlant ainsi, il me prit par le bras, et m'entraîna avec lui en doublant de vitesse. Je ne me trouvais guère à mon aise en sa compagnie ; car, maintenant que l'orgueil de sa profession était blessé, je ne reconnaissais plus en lui l'air d'un homme tranquille, décent, je pourrais même dire respectable, qu'il avait pris en me racontant son histoire ; il ne me semblait plus qu'un vagabond turbulent, un tapageur emporté ; de sorte que, lorsqu'il entra dans la chaumière sous laquelle était rassemblé un grand nombre de pêcheurs, avec leurs femmes et leurs filles, buvant, mangeant et dansant, je ne pus m'empêcher de craindre que sa violence impatiente ne nous attirât une froide réception.

Mais les cris de joie qui s'élevèrent quand on vit arriver Willie-le-Vagabond, vingt voix qui s'écrièrent en même temps : — A votre santé, Willie! Où avez-vous donc été, aveugle ou diable? — le pot de bière mousseuse qu'on s'empressa de lui offrir, et par-dessus tout la promptitude avec laquelle on imposa silence à la flûte et au tambourin, prouvèrent tellement au vieillard qu'il n'avait rien perdu de son importance et de sa popularité, que son amour-propre se rassura, et qu'oubliant le ton d'une dignité offensée, il prit un air plus convenable au bon accueil dont il était l'objet. Les jeunes gens des deux sexes s'attroupèrent autour de lui, et lui dirent qu'ils avaient craint qu'il ne lui fût arrivé quelque accident, et que deux ou trois de leurs compagnons étaient partis pour aller le chercher.

— Grace au ciel! dit Willie, je n'ai éprouvé d'autre accident que l'absence de ce paresseux Robin-le-Rôdeur, mon camarade, qui n'est pas venu me rejoindre sur les sables : mais je vous amène en sa place quelqu'un qui en vaut une douzaine comme lui.

— Et qui nous avez-vous donc amené, Willie? s'écria-t-on, tandis que tous les yeux se tournaient sur votre serviteur, qui faisait aussi bonne contenance qu'il le pouvait, quoique peu flatté d'être le centre vers lequel tous les regards se dirigeaient.

— Je le reconnais à sa cravate ourlée, dit un pêcheur ; c'est Giles Hobson, le jeune tailleur de Burgh.
— Vous êtes le bienvenu en Écosse, Coupe-Drap. — Et à ces mots il me tendit une main d'une dimension monstrueuse, et dont la couleur ressemblait à celle du dos d'un blaireau.

— Giles Hobson? Giles Whoreson (1)! s'écria Willie-le-Vagabond : c'est un jeune homme qui fait, je crois, chez Josué Geddes, l'apprentissage du métier de quaker.

— Et qu'est-ce que c'est que ce métier? demanda l'homme à la main couleur de blaireau.

— Celui d'hypocrite et de menteur, répondit Willie; ce qui occasiona de grands éclats de rire; mais je lui en apprends un meilleur, celui de se réjouir et de jouer du violon.

En révélant ainsi à peu près au juste qui j'étais, Willie contrevenait à nos conventions; cependant j'en fus presque charmé, car, si ces gens grossiers et sau-

(1) Jeu de mots grossier et intraduisible, si ce n'est dans le français de Rabelais : *Whoreson*, fils de..... — Éd.

vages avaient reconnu qu'on avait voulu les tromper, les conséquences auraient pu en être fâcheuses pour tous deux ; et d'ailleurs j'étais par-là délivré de la gêne que m'imposait la nécessité de soutenir un caractère emprunté. Toute la compagnie, à l'exception peut-être de deux ou trois jeunes filles, dont les yeux semblaient avoir envie de faire avec les miens une connaissance plus intime, ne songea plus à moi : les vieillards reprirent leurs sièges autour d'un bol immense, ou, pour mieux dire, d'un chaudron de punch à l'eau-de-vie ; et les jeunes gens, se mettant en place pour danser, crièrent à haute voix à Willie de commencer.

Après m'avoir dit tout bas de songer à mon honneur, attendu que, si les poissons n'avaient pas d'oreilles, les pêcheurs en avaient, Willie donna le premier coup d'archet d'une manière brillante, et il n'eut pas à rougir de son compagnon, à en juger par quelques signes d'approbation qu'il me donnait de temps en temps. On ne dansait, comme vous pouvez le penser, que des danses écossaises, des gigues, des danses à deux et à quatre, variées de temps en temps par un *Strathspey* et une *Hornpipe* (1), en guise d'intermède ; et, si les danseurs manquaient de grace, ils y suppléaient par la mesure, par l'élasticité des mouvemens, et par cette agilité particulière aux habitans du nord.

(1) L'horn-pipe est une espèce de *musette* du pays de Galles, du Derbyshire et autres comtés d'Angleterre, au son de laquelle dansent les habitans de la campagne. Le nom de l'instrument est devenu le nom de la danse.

Nous avons déjà eu occasion dire que le strathspey est une espèce de danse écossaise qui vient du vallon de ce nom. (*Strath*, vallon, *Spey*, rivière qui le traverse.) — Éd.

La gaieté fut presque contagieuse pour moi, grace surtout à l'admirable exécution de Willie, et à l'encouragement qu'il me donnait en me disant de temps en temps à demi-voix : — Bien, mon gaillard; fort bien!
— A dire vrai, je goûtai plus de plaisir à cette danse rustique que je n'en avais jamais trouvé dans les bals et les concerts auxquels j'ai assisté quelquefois dans votre fameuse ville. Peut-être était-ce parce que j'étais un personnage plus important pour la digne matrone qui faisait les honneurs de la fête à Brokenburn-Foot, que je n'avais les moyens de le devenir pour la célèbre miss Nickie Murray, qui préside à toutes vos réunions d'Édimbourg. Celle dont je parle était une femme de bonne mine, d'environ trente ans, ayant les doigts chargés de je ne sais combien de bagues d'or et d'argent, et montrant assez volontiers, sous ses nombreux jupons courts, blancs, bleus et écarlates, des bas de laine blanche qui n'empêchaient pas de remarquer ses souliers de cordouan, attachés avec des boucles d'argent. Elle se prononça en ma faveur, et dit qu'il ne fallait pas que le brave jeune homme se fatiguât à la mort en jouant du violon, et qu'il était juste qu'il dansât à son tour.

— Et moi, dame Martin, dit Willie, que deviendrai-je?

— Ce que vous deviendrez, vieille barbe de ménétrier que vous êtes, répliqua la dame; vous seriez en état de jouer vingt heures de suite, et vous fatigueriez de la danse tout le pays avant de quitter un instant votre archet, si ce n'est quand il s'agit de boire.

— Vous n'avez pas tout-à-fait tort, dit Willie; ainsi donc, si mon camarade va danser, faites-moi donner à boire, après quoi vous pourrez danser comme Madge de Middlebie.

On servit Willie sur-le-champ ; mais tandis qu'il buvait, je vis entrer dans la chaumière une nouvelle compagnie qui attira toute mon attention, et qui suspendit la galanterie avec laquelle j'allais offrir ma main à la Téthys aux bas blancs, fraîche et bien faite, qui venait de prononcer mon affranchissement de l'esclavage musical auquel je m'étais soumis.

Ce n'était rien moins que l'apparition soudaine de la vieille femme que le laird avait nommée Mabel, de Cristal Nixon, son domestique, et de la jeune personne qui avait prononcé le *benedicite*.

Cette jeune personne, Alan, vous êtes un peu sorcier à votre manière... cette jeune personne, dis-je, dont je ne vous ai pas fait la description, et que, précisément pour cette raison, vous avez présumé ne m'être pas indifférente, ne l'est véritablement pas pour moi autant qu'elle devrait l'être si j'étais prudent. Je suis fâché d'être obligé d'en convenir, je ne me servirai pas du mot *amour* en cette occasion : je l'ai employé si souvent pour des fantaisies et des caprices passagers, que je n'échapperais pas à votre critique si j'en faisais usage ici ; car je dois avouer que c'est un mot que j'ai prononcé, un romancier dirait profané, un peu trop souvent, vu le petit nombre d'années qui ont encore passé sur ma tête. Mais sérieusement, la belle chapelaine de Brokenburn s'est souvent présentée à mon esprit, sans motif ; et, si cela peut vous servir à expliquer pourquoi j'ai prolongé mon séjour dans ce pays, et joué le rôle de compagnon de Willie-le-Vagabond, eh bien ! à vous permis de vous en servir ; permission pour laquelle vous n'avez pas besoin de me faire des remerciemens, parce que vous n'auriez pas attendu que je vous la donnasse pour la prendre.

Avec de tels sentimens, jugez quels furent mes transports lorsque je vis, comme un rayon de soleil perçant les nuages, cette jeune personne d'une beauté peu commune entrer dans l'appartement où l'on dansait, non avec l'air d'une égale, mais comme une femme d'un rang supérieur honorant de sa présence les amusemens de ceux qui vivent sous sa dépendance. L'homme et la femme qui l'accompagnaient, et dont la physionomie était aussi sinistre que la sienne était aimable, semblaient deux mois d'hiver à côté de mai aux yeux brillans.

Lorsqu'elle entra (émerveillez-vous si bon vous semble) elle portait *une mante verte*, semblable à celle que vous m'avez dit que votre belle cliente avait sur les épaules; ce qui confirma le soupçon que j'avais déjà conçu, d'après la description que vous m'en aviez faite, que ma chapelaine et votre inconnue étaient une seule et même personne. Ses traits changèrent d'expression, du moment qu'elle me reconnut. Elle donna sa mante à Mabel, et après avoir hésité un instant, comme si elle n'avait su si elle devait avancer ou se retirer, elle entra dans la chambre avec un air de calme et de dignité; les hommes lui ôtèrent leurs bonnets, les femmes lui firent une révérence; et elle s'assit sur une chaise qu'on lui avait respectueusement préparée à quelque distance des autres.

Il y eut une pause, pendant laquelle la maîtresse des cérémonies, avec une politesse gauche, mais affectueuse, s'empressa d'offrir un verre de vin à la jeune personne, qui le refusa d'abord, mais qui finit par l'accepter. Alors, elle salua à la ronde toute la joyeuse compagnie, souhaita à tous santé et gaieté, et ayant mouillé ses lèvres, elle remit le verre sur l'assiette. — Une seconde pause s'ensuivit, et étourdi comme je l'étais par cette apparition subite, je ne me rappelai pas sur-le-champ que c'était à moi à y mettre un terme. Enfin, une sorte de murmure se fit entendre autour de moi, car, d'après la conversation qui venait d'avoir lieu, on m'attendait pour commencer la danse.

— Au diable soit le joueur de violon! disait-on de différens côtés. Où en a-t-on jamais vu qui soit si honteux?

Enfin un vénérable Triton joignit à ces remontrances un grand coup sur l'épaule, en me criant : — En place! en place! voyons comme vous savez sauter. Toutes ces jeunes filles vous attendent.

Je me levai, je sautai à bas du gradin qui nous servait d'orchestre, et me décidant aussi rapidement que je le pouvais, au lieu d'offrir ma main à la Téthys aux bas blancs dont j'ai déjà parlé, j'avançai vers l'autre bout de l'appartement, et j'osai faire cette offre à la belle Mante Verte.

Les yeux aimables de la nymphe exprimèrent sa surprise d'une proposition si audacieuse, et d'après les murmures que j'entendis autour de moi, je compris qu'elle étonnait aussi les spectateurs, et peut-être même qu'elle les offensait. Cependant, après l'émotion du premier moment, elle se redressa avec un air de hauteur, en femme qui voulait montrer qu'elle sentait parfaitement jusqu'où elle portait la condescendance, et me tendit la main comme une princesse la présenterait à un écuyer de condition inférieure.

— Il y a de l'affectation dans tout cela, pensais-je en moi-même, si la Mante Verte ne me trompe pas, car les jeunes demoiselles ne vont pas rendre des visites et n'écrivent pas des épîtres à de savans avocats pour prescrire la conduite que doivent tenir des gens dont elles paraissent faire si peu de cas; mais quand même je serais abusé par une ressemblance de costume, je dois lui prouver, par égard pour moi-même, que je ne suis pas tout-à-fait indigne de la faveur qu'elle m'a accordée avec tant de pompe et de réserve.

La danse qu'on allait danser était l'ancienne gigue écossaise, dans laquelle vous vous souvenez que je ne figurais pas mal chez La Pique, tandis que ce savant professeur vous gourmandait de vos mouvemens gauches, en vous donnant de bons coups d'archet sur les articulations. On laissa le choix de l'air à mon camarade Willie, qui, ayant fini de boire, fit entendre celui qui est si universellement connu, et qui commence par

La femme du quaker dansa joyeusement,
Et le quaker dansa comme elle (1).

Dès la première mesure, des éclats de rire étourdissans partirent à nos dépens de tous côtés, et j'aurais été anéanti sans le sourire que je remarquai sur les lèvres de ma jolie danseuse, qui, bien loin d'avoir un air de moquerie, semblait me dire : — Ne vous en inquiétez pas. — Et dans le fait, Alan, je n'y pensai plus. Ma nymphe dansait admirablement, et je fis tous mes

---

(1)   *Merrily danced the quakers 'wife,*
  And Merrily danced the quaker.

Éd.

efforts non pour l'effacer, c'était la chose impossible, mais pour ne pas rester tout-à-fait dans l'ombre.

Je puis vous assurer que notre danse et la musique de Willie auraient mérité des spectateurs et des auditeurs d'un autre rang ; mais alors nous n'aurions pas obtenu des applaudissemens aussi bruyans que ceux qui éclatèrent de toutes parts pendant que je reconduisais ma danseuse vers sa chaise. Je m'assis à son côté, en homme qui avait droit d'avoir pour elle les attentions d'usage en pareil cas. Elle était évidemment embarrassée, mais j'étais déterminé à ne pas m'apercevoir de son embarras, et à profiter de cette occasion pour m'assurer si l'esprit de cette charmante créature était digne de la beauté à laquelle la nature l'avait uni.

Néanmoins, de quelque courage que je me fusse armé, vous ne pouvez que trop deviner combien il me fut difficile de mettre mon dessein à exécution, puisque mon défaut d'usage auprès de ce sexe qui sait si bien nous charmer me cause une maudite timidité, seulement un peu moins gauche que la vôtre; d'ailleurs elle était si belle, elle prenait un air si rempli de dignité, qu'il était naturel que je tombasse dans la fatale erreur de supposer que je ne devais lui adresser la parole que pour lui dire quelque chose de spirituel. Je mis à la hâte mon cerveau à la torture dans cette persuasion; mais il ne se présentait pas à mon imagination une seule idée que le bon sens ne la rejetât aussitôt, soit comme tendant à l'hyperbole et à l'emphase, soit comme n'étant qu'un lieu commun plat et usé. Il me semblait que les facultés de mon esprit ne m'appartenaient plus, et qu'elles étaient alternativement sous la dépendance d'Aldiborontophoscophornio, ou de son facétieux ami Rigdum-

Funnidos (1). Combien je portai envie en ce moment à notre ami Jack Olivier, qui est si content de lui-même quand il débite son bavardage de coterie; et qui, ne doutant jamais de ses moyens pour amuser les autres, le fait passer pour monnaie courante parmi toutes les jolies femmes, et remplit les intervalles de son caquet par la connaissance parfaite qu'il a du maniement de l'éventail, du flacon, et de tous les autres offices de *cavaliere sirvente*. Je fis quelques essais en ce genre, mais fort gauchement à ce que je suppose; du moins lady Mante Verte reçut mes services comme une princesse recevrait l'hommage d'un vassal.

Cependant le plancher restait vide, et comme la gaieté semblait se ralentir, je me hasardai, pour dernier expédient, à lui proposer un menuet. Elle me remercia en me disant avec assez de hauteur qu'elle était venue pour encourager les plaisirs innocens de ces bonnes gens, mais qu'elle n'était pas disposée à se donner en spectacle pour leur amusement par un genre de danse qu'elle connaissait à peine.

Elle se tut, comme si elle eût attendu que je lui proposasse quelque autre chose; mais j'étais un peu piqué, et je gardai le silence. S'inclinant alors vers moi d'une manière assez gracieuse, elle ajouta : — Cependant, monsieur, pour ne pas vous refuser, je danserai une contre-danse, si cela vous plaît.

Ne fallait-il pas que je fusse un oison véritable, Alan, pour ne pas avoir prévenu ses désirs? Ne devais-je pas avoir remarqué que ce couple à figure sinistre, cette Mabel et ce Cristal, étaient placés à chaque côté de sa

---

(1) Personnages de contes populaires. — Éd.

chaise comme les supports des armoiries royales (1) :
l'homme, court, velu, comme le lion ; la femme, grande,
sèche et ridée, comme la licorne? J'aurais dû faire attention que, surveillés de si près par ces deux sauvages,
nous ne pouvions avoir ensemble des communications
bien faciles ; qu'un menuet n'était pas une danse qui
favorisât la conversation ; mais que le bruit et la confusion d'une contre-danse, où des danseurs inexpérimentés courent les uns vers les autres sans savoir où ils
doivent aller, et forcent les autres à rester à leurs
places jusqu'à ce que l'ordre se soit rétabli ; enfin que
les intervalles réguliers de repos qu'offre ce genre de
danse, procurent la meilleure occasion pour se dire
un mot ou deux de temps en temps, sans donner lieu à
aucune observation.

La danse commençait à peine, qu'une occasion de ce
genre se présenta ; et mon aimable danseuse me dit avec
beaucoup de douceur et de modestie : — Il ne convient
peut-être pas trop que je me souvienne d'une connaissance qui paraît être oubliée, monsieur ; mais je crois
que je parle à M. Darsie Latimer.

— Darsie Latimer est effectivement la personne qui
en ce moment a l'honneur et le plaisir...

J'allais continuer sans m'arrêter à débiter ces sots
complimens, mais elle m'interrompit.

— Et comment se fait-il, me dit-elle, que M. Latimer

(1) Le lion, un des supports des armes d'Angleterre, figure
aussi sur ses pavillons. Dans la *Vie de Napoléon*, Walter Scott,
en zélé antiquaire et expert dans l'art héraldique, se plaint que
Napoléon affectât de prendre les lions d'Angleterre pour des *léopards*. La forme de ces emblèmes prête à l'équivoque ; mais dans
le support le lion est bien un lion avec sa crinière royale. — ÉD.

soit ici, qu'il y soit déguisé, ou du moins jouant un rôle indigne d'un homme qui a reçu une éducation comme la sienne? Pardon, monsieur, je ne veux pas vous offenser; mais bien certainement, quand on prend pour compagnon un homme de cette sorte...

Elle jeta un coup d'œil sur mon ami Willie, et garda le silence. Je me sentis honteux de moi-même, et je me hâtai de lui dire que c'était une folie suggérée par le manque d'occupation; et que je ne pouvais la regretter, puisque je lui devais le plaisir dont je jouissais en ce moment.

Sans paraître faire aucune attention à mon compliment, elle saisit la première occasion pour me dire: — Monsieur Latimer permettra-t-il à une étrangère, qui n'a que son intérêt en vue, de lui demander s'il ne se reproche pas un peu d'être, à son âge, assez dépourvu d'occupation pour être prêt à se livrer à la plus basse société, uniquement dans le but d'y chercher quelque amusement?

— Vous êtes sévère, madame, lui répondis-je, mais je ne puis croire que je me dégrade en me trouvant dans une société où... où...

J'hésitai pour finir ma phrase, car je sentis que je lui donnais une tournure peu gracieuse. L'argument *ad hominem*, le dernier auquel un homme poli doive avoir recours, peut se justifier par les circonstances, mais c'est un cas beaucoup plus rare quand il s'agit d'un argument *ad fœminam*.

Elle remplit elle-même le blanc que j'avais laissé: — Où vous m'avez rencontrée, voulez-vous dire? Mais le cas est tout différent. Un malheureux destin m'oblige à soumettre ma volonté à celle des autres, et à me trouver dans des lieux dont mon goût personnel m'éloignerait. D'ailleurs, à l'exception de ce petit nombre de minutes, je ne participe pas aux plaisirs d'une telle assemblée. J'y suis comme spectatrice, et accompagnée de mes domestiques. Votre situation n'est pas la même. Vous êtes ici par choix; vous prenez et vous fournissez votre part dans les plaisirs d'une classe que l'éducation, la naissance et la fortune mettent infiniment au-dessous de vous. Si ce langage est un peu dur, M. Latimer, ajouta-t-elle avec l'accent le plus doux, croyez du moins que mes intentions sont bonnes.

Je fus confondu par ce discours, fort de toute la sévérité d'une jeune sagesse. Tout ce que j'aurais pu y répondre de vif ou de piquant s'effaça de mon souvenir, et je lui répondis avec une gravité égale à la sienne : — Il est vrai, madame, que j'ai reçu une meilleure éducation que celle de ces bonnes gens. Mais vous, madame, vous que je remercie de vos bons avis, vous devez connaître ma condition mieux que je ne la connais moi-même. Car je n'oserais dire que ma naissance ou ma fortune me place au-dessus d'eux, puisque j'ignore quelle est l'une, et que l'autre est enveloppée d'un secret impénétrable.

— Et pourquoi, reprit-elle, votre ignorance sur ces deux points vous porterait-elle à fréquenter des sociétés semblables à celle-ci, ou à contracter des habitudes d'indolence? Convient-il à un homme d'attendre tranquillement que la fortune jette sur lui un regard favorable, quand il peut se distinguer par ses efforts et son énergie? La carrière des professions savantes ne vous est-elle pas ouverte? L'ambition ne vous suggère-t-elle pas celle des armes? Mais non, non, pas celle des armes; elle vous a déjà coûté trop cher.

— Je serai tout ce que vous voudrez que je sois, lui répliquai-je avec ardeur. Dites-moi dans quel sentier je dois marcher, et vous m'y verrez courir, quand ce ne serait que parce que vous l'ordonnez ainsi.

— Non parce que je l'ordonne, dit-elle, mais parce que la raison, le bon sens, l'honneur, et en un mot le soin de votre propre sûreté, vous donnent le même conseil.

— Permettez-moi du moins de vous dire que la raison et le bon sens n'ont jamais paru sous une plus belle forme pour persuader, répliquai-je à la hâte, car elle se détourna, et ne me laissa pas l'occasion d'achever ce que j'avais dessein de lui dire, jusqu'au repos qu'amenèrent bientôt les figures de la contre-danse. Reprenant alors un entretien sur lequel j'étais déterminé à avoir une explication, je lui dis : — Vous m'avez aussi parlé d'honneur et de dangers personnels, madame. Les idées que j'ai conçues de l'honneur me feraient regarder comme une lâcheté de fuir devant des dangers inconnus et incertains. Vous qui paraissez si bien instruite de ma destinée, vous que je pourrais appeler mon ange gardien, apprenez-moi quels sont ces dangers, afin que je puisse juger si l'honneur m'ordonne d'y faire face ou de les éviter.

Ce discours l'embarrassa évidemment.

— Vous me faites payer bien cher les avis que j'ai voulu vous donner, répondit-elle. J'avoue que je prends intérêt à votre destin, et cependant je n'ose vous dire d'où vient cet intérêt, et il ne m'est permis de vous informer ni pour quel motif, ni de la part de qui vous courez des dangers; mais il n'en est pas moins vrai que ces dangers sont prochains et imminens. Ne m'en demandez pas davantage; par égard pour vous-même, quittez ce canton. Partout ailleurs vous êtes en sûreté : ici, vous hâtez votre destinée.

— Suis-je donc condamné, m'écriai-je, à dire adieu si promptement à l'être qui est presque le seul dans le monde dont j'aie reçu des marques d'intérêt? Ne prononcez pas cette sentence! Dites-moi que nous nous reverrons, et cet espoir sera l'astre qui dirigera ma course.

— Il est probable, dit-elle, beaucoup plus que probable que nous ne nous reverrons jamais. L'avis que je vous donne en ce moment est le seul secours qu'il soit en mon pouvoir de vous donner. C'est ce que je ferais pour un aveugle que je verrais sur le bord d'un précipice. Un tel service ne peut exciter la surprise, et n'exige aucune reconnaissance.

A ces mots elle détourna encore la tête, et ne me parla plus jusqu'à la fin de la contredanse. Alors elle me dit à la hâte : — N'essayez plus de me parler, ni d'approcher de moi du reste de la nuit. Quittez cette société le plus tôt qu'il vous sera possible, mais pas trop brusquement, et que Dieu veille sur vous!

Je la reconduisis à sa chaise, et je n'abandonnai pas la jolie main que je tenais, sans lui exprimer mes sentimens, en la pressant doucement. Elle la retira en rougissant un peu, mais sans montrer de colère. Voyant les regards sévères de Cristal et de Mabel fixés sur moi, je la saluai et m'éloignai d'elle; j'étais triste au fond du cœur, et ma vue se troublait de plus en plus à mesure que la foule dérobait la jolie Mante Verte à mes yeux.

J'avais dessein de retourner près de mon camarade Willie, et de reprendre mon archet pour en faire ce que je pourrais, quoique j'eusse donné alors la moitié d'une année de mon revenu pour un instant de solitude. Mais dame Martin me coupa la retraite avec la franchise d'une coquette de village qui va droit à son but, si cette phrase ne renferme rien d'inconvenant.

— Eh bien, jeune homme, vous paraissez bientôt las de danser si légèrement? Le bidet qui va au pas toute la journée vaut mieux que celui qui galope un mille et qui n'en peut faire davantage.

C'était un vrai cartel, et je ne pus me dispenser de l'accepter. D'ailleurs, je voyais que dame Martin était la reine de la fête, et j'apercevais autour de moi des figures si étranges et si rébarbatives, que je ne savais trop si je n'aurais pas besoin de protection. Je saisis donc une de ses mains, qu'elle m'abandonna sans difficulté; nous prîmes nos places, et si je ne dansai pas avec toute la grace et la souplesse dont j'avais fait preuve auparavant, du moins je répondis à l'attente de ma danseuse, qui dit et jura presque que j'étais la crème des danseurs. Quant à elle, excitée à faire les plus grands efforts, elle sautait comme un chevreuil, faisait claquer ses doigts comme des castagnettes, pirouettait comme une toupie, et bondissait comme une balle, au point que la couleur de ses jarretières n'était pas un mystère; et peut-être cherchait-elle d'autant moins à en faire un secret, qu'elles étaient bleu de ciel, et bordées en argent.

Il fut un temps où tout cela m'aurait diverti; pour mieux dire, la nuit dernière est le seul instant dont je me souvienne, depuis quatre ans, où je pouvais y être complètement insensible. Je ne saurais vous dire combien j'aurais désiré être débarrassé de dame Martin. Je crois que j'aurais presque voulu qu'elle se foulât une de ces chevilles qu'elle montrait de si bon cœur; et quand, au milieu de ses cabrioles, je vis ma première danseuse sortir de l'appartement, et jetant, à ce qu'il me sembla, un coup d'œil sur moi, ma répugnance à danser plus long-temps s'accrut à un tel point, que peu s'en fallut que je ne feignisse moi-même de m'être donné une entorse. Mais il y avait autour de moi une vingtaine de vieilles femmes dans les rides desquelles je voyais que chacune d'elles avait un remède contre de pareils accidens; et me rappelant Gil Blas et sa maladie supposée dans la caverne des voleurs, je trouvai plus prudent d'être fidèle à dame Martin, et de danser jusqu'à ce qu'elle dît : — Assez! Je résolus même d'y mettre du courage, et vers la fin de la danse mes cabrioles s'élevèrent tout aussi haut que celles de dame Martin elle-même, ce qui me valut des applaudissemens bruyans comme le tonnerre; car le peuple préfère toujours la force et l'agilité à la grace et à la souplesse. Enfin il devint impossible à dame Martin de danser davantage; et, enchanté de me voir délivré, je la conduisis à une chaise, et profitai du privilège d'usage pour en prendre une afin de m'asseoir près d'elle.

— Juste ciel! s'écria dame Martin, comme me voilà essoufflée! Je crois que j'en mourrai; et c'est vous qui en serez cause, jeune homme.

Je ne pus réparer la faute dont elle m'accusait qu'en allant lui chercher des rafraichissemens, et elle accepta tout ce que je lui présentai.

— J'ai été heureux dans le choix de mes danseuses,

lui dis-je ; d'abord cette jeune et jolie dame, et ensuite vous, mistress Martin.

— Ne faites donc pas le flatteur, dit dame Martin. Allez, allez, jeune homme, vous n'avez pas besoin de me souffler dans les oreilles de cette manière. Miss Lilias et moi comparées ensemble! non, non. Quoi! elle peut avoir trois ou quatre ans de moins que moi, sans parler de toutes ses élégances.

— C'est la fille du laird, je crois? demandai-je en tâchant de prendre un ton d'insouciance.

— Sa fille, non. C'est seulement sa nièce ; et c'est le toucher d'assez près, à ce que je pense.

— Vraiment? je croyais qu'elle portait le nom du laird.

— Elle porte le sien, et c'est Lilias.

— Et n'en a-t-elle pas un autre?

— Qu'en a-t-elle besoin avant d'avoir un mari? répondit ma Téthys, qui, en sa qualité de femme, était peut-être un peu piquée de voir que je l'entretenais d'une autre, au lieu de parler d'elle-même.

Il y eut quelques instants de silence. Dame Martin le rompit pour me faire observer qu'on allait se remettre en place pour danser.

— Je le vois, lui dis-je n'ayant nulle envie de me remettre à faire des cabrioles ; et il faut que j'aille donner un coup de main au vieux Willie.

Avant que j'eusse pu me débarrasser d'elle, j'entendis ma pauvre Téthys s'adresser à une espèce de Triton vêtu en matelot, c'est-à-dire en gilet et en pantalons bleus, dont, par parenthèse, elle avait refusé la main une heure ou deux auparavant, et lui donner à entendre qu'elle était maintenant disposée à danser.

— Eh bien! dansez, répondit le vindicatif personnage sans lui offrir sa main; tenez, vous voyez qu'il y a place pour vous.

Certain que je m'étais fait un ennemi, et peut-être deux, je me hâtai d'aller reprendre mon ancienne place à côté de Willie; mais je pus voir que ma conduite avait fait une impression défavorable. J'entendais bourdonner de tous côtés : — Il fait bien son important! moitié d'homme comme il faut; — et le mot encore plus alarmant, — espion. Je fus donc très-charmé quand j'aperçus près de la porte la figure de Sam, qu'on avait déjà armé d'un pot de punch. Voyant alors que mes moyens de retraite étaient préparés, je dis tout bas à Willie que j'avais dessein d'en profiter. Il avait probablement entendu les murmures de la compagnie encore plus distinctement que moi, car il me répondit sur-le-champ à demi-voix : — Oui, oui, allez-vous-en; vous n'êtes resté ici que trop long-temps. Détalez sans bruit; qu'on ne s'aperçoive pas que vous vous en allez.

Je glissai une demi-guinée dans la main du vieillard: — Et pourquoi? me dit-il; c'est une folie. Je ne vous refuse pas pourtant, espérant que cela ne peut vous gêner. Mais allez-vous-en, et si quelqu'un vous arrête, appelez-moi.

D'après son avis, je me promenai quelques instants dans l'appartement, comme si j'eusse cherché une danseuse, et ayant rejoint Sam, qui eut quelque peine à se séparer de son pot de punch, nous sortîmes en tâchant de nous faire remarquer le moins possible. Nous trouvâmes les chevaux sous un hangar voisin, et comme la lune était levée, et qu'alors je connaissais mieux la route, toute mauvaise qu'elle était, nous arrivâmes bientôt à Shepherd's Bush, où la vieille hôtesse nous attendait, non sans quelque inquiétude ; car, me dit-elle, plus d'une personne était allée à Brokenburn, de chez elle ou des villages voisins, et n'en était pas revenue si heureusement. Mais Willie-le-Vagabond, ajouta-t-elle, était une sorte de protection.

Ici la femme de Willie, qui fumait une pipe au coin de la cheminée, se mit à chanter les éloges de son mari, et s'efforça d'éveiller de nouveau ma générosité par la description des dangers dont il lui plut d'assurer que la protection du musicien m'avait bien certainement garanti. Mais je n'étais d'humeur en ce moment à perdre ni plus d'argent, ni plus de temps, et j'allai me coucher à la hâte, pour m'abandonner librement à mes réflexions.

Depuis ce temps j'ai passé deux jours tantôt à Mont-Sharon, tantôt ici ; lisant, vous écrivant cette relation intéressante, formant des plans pour revoir l'aimable Lilias ; de temps en temps pêchant à la ligne, en dépit des scrupules de Josué, et peut-être par esprit de contradiction, quoique cette occupation m'amuse davantage depuis que j'y réussis mieux.

Vous voilà, mon cher Alan, en pleine possession de mon secret. Maintenant ouvrez-moi votre cœur avec la même franchise. Quelle place y tient votre follet, ce beau lis du désert ? Répondez à cette question avec bonne foi ; quoique son souvenir m'occupe quelquefois l'esprit, l'amour ne l'emportera jamais sur mon amitié pour Alan Fairford. D'ailleurs je sais que lorsque vous aimerez, ce sera

Pour aimer une fois, et jamais davantage.

Une passion ardente, allumée dans un cœur aussi constant que le vôtre, ne pourra jamais s'éteindre qu'avec la vie. Moi, je suis d'un caractère plus léger, tout différent en un mot. Je conviens que ma main tremblera, que mon cœur battra quand j'ouvrirai votre première lettre; mais que j'y trouve le franc aveu que cette belle inconnue a fait sur votre gravité une impression plus profonde que vous ne le pensiez, vous verrez que, quelque barbelée que puisse être la flèche qui m'a percé le cœur, je saurai l'en arracher. Jusque-là, quoique j'aie formé bien des plans pour la revoir, vous pouvez compter que je ne ferai aucune démarche pour les mettre à exécution. Je m'en suis abstenu jusqu'ici, et je vous donne ma parole d'honneur que je continuerai à le faire. Au surplus, vous n'avez pas besoin de si fortes assurances de la part de quelqu'un qui vous est si dévoué.

D. L.

P. S. Je serai sur les épines jusqu'à ce que je reçoive votre réponse. Je lis et relis la lettre où vous me parlez d'elle, et, sur mon ame! je ne puis y découvrir quels sont vos véritables sentimens. Quelquefois il me semble que vous en parlez sur le ton de la plaisanterie, mais ensuite je crois que cela n'est pas possible. Tirez-moi de cette incertitude le plus tôt que vous le pourrez.

LETTRE XIII.

ALAN FAIRFORD A DARSIE LATIMER.

Je vous réponds à l'instant où je reçois votre lettre, comme vous le désirez, dans un accès d'humeur qu'on pourrait appeler tragi-comique, car j'ai la larme à l'œil et le sourire sur les lèvres. Mon cher Darsie, nul autre que vous ne pourrait être si généreux ; nul autre ne pourrait être si absurde. Je me souviens que, lorsque vous étiez enfant, vous vouliez faire présent à ma vieille tante Peggy d'un fouet à toupie que vous veniez d'acheter, uniquement parce qu'elle vous avait dit qu'il était beau ; et maintenant, avec une libéralité aussi réfléchie, aussi mal appliquée, vous êtes prêt à céder votre bien-aimée à un jeune sophiste sec et enfumé, qui ne renoncerait pas à la plus minutieuse de ses occupations journalières pour toutes les filles d'Ève.

Moi amoureux de votre Lilias, de votre Mante Verte,

de votre enchanteresse inconnue! Quoi! je l'ai à peine vue cinq minutes, et pendant tout ce temps je n'ai guère aperçu bien distinctement que le bout de son menton. Elle était bien faite, et ce bout de menton qu'on voyait faisait juger favorablement de ce qu'on ne pouvait voir; mais, au nom du ciel! elle venait pour affaire, et un homme de loi qui s'amouracherait d'une jolie cliente dans une seule consultation, serait aussi fou que s'il devenait amoureux d'un rayon de soleil qui tomberait sur sa perruque pendant qu'il est à l'audience. Je vous donne ma parole que mon cœur est sans blessure, et je vous assure de plus qu'avant que je souffre qu'une femme s'en empare, il faudra que je voie son visage tout entier, sans masque et sans mante, et que je connaisse un peu aussi son esprit. N'ayez donc aucune inquiétude à mon égard, mon bon et généreux Darsie; mais, je vous en conjure pour vous-même, prenez bien garde qu'un attachement frivole, contracté si légèrement, ne vous entraîne dans des dangers sérieux.

J'ai tant de craintes à ce sujet qu'à présent que me voilà investi des honneurs de la robe, j'aurais abandonné la carrière à l'instant même où j'y entre, pour courir près de vous, si mon père n'avait réussi à me mettre les fers aux pieds en me chargeant d'une affaire à l'improviste. Il faut que je vous la raconte en détail, Darsie, car elle est assez comique; et pourquoi n'écouteriez-vous pas le récit de mes aventures judiciaires aussi bien que j'écoute la relation de celles d'un chevalier errant, joueur de violon?

Nous venions de dîner et je réfléchissais sur la manière dont je m'y prendrais pour faire part à mon père de la résolution que je venais de former de partir pour le comté de Dumfries, ou s'il ne vaudrait pas mieux partir sans rien dire et lui laisser mes excuses par écrit ; mais je lui vis prendre tout à coup cet air particulier que je remarque toujours en lui quand il s'apprête à me communiquer quelques intentions à mon égard qu'il prévoit ne pas devoir m'être très-agréables.

— Alan, me dit-il, vous portez la robe maintenant ; vous avez ouvert boutique, comme nous le dirions d'une profession mécanique, et sans doute vous pensez que le plancher des cours de justice est couvert de guinées, et que vous n'avez qu'à vous baisser pour en ramasser.

— Je n'ignore pas qu'il faut que j'acquière des connaissances et de la pratique, mon père, et que c'est ce qu'il faut que je cherche d'abord à ramasser.

— C'est très-bien dit, répliqua mon père ; et, craignant toujours de me donner trop d'encouragement, il ajouta : — Très-bien dit, si les actions répondent aux paroles. Se baisser pour ramasser des connaissances et de la pratique est l'expression convenable. Vous savez fort bien, Alan, que dans la faculté qui s'occupe de l'*ars medendi* (1), avant que le jeune docteur soit admis dans les palais, il faut, comme on le dit, qu'il coure les hôpitaux ; il faut qu'il guérisse les ulcères de Lazare, avant qu'il ait à signer des ordonnances pour le riche qui a la goutte ou une indigestion.

— Je sais parfaitement, mon père, que...

— Silence ! n'interrompez pas la cour ! Les chirurgiens ont aussi une coutume très-utile, c'est de faire travailler leurs élèves, leurs *tyrones*, sur des corps morts

---

(1) De la médecine. — Tr.

auxquels ils ne peuvent faire de mal, s'il leur est impossible de leur faire du bien ; or, par ce moyen, l'élève ou *tyro* acquiert de l'expérience et devient en état de couper une jambe ou un bras à un sujet vivant, aussi proprement qu'il pèlerait un oignon.

— Je crois comprendre ce que vous voulez dire, mon père, et si je n'avais un engagement particulier...

— Ne me parlez pas d'engagemens. Silence ! Ayez de la discrétion, et n'interrompez pas davantage la cour.

Vous savez que mon père, soit dit avec tout le respect filial que je lui dois, est un peu prolixe dans ses harangues. Il ne me resta donc plus qu'à m'appuyer sur le dos de ma chaise et à écouter.

— Vous croyez peut-être, Alan, continua-t-il, que parce que j'ai à diriger quelques affaires litigieuses que m'ont confiées mes dignes cliens, je puis penser à les jeter sur votre chemin *instanter*, à l'instant, et vous donner ainsi une clientelle, autant que peuvent le promettre mon influence et ma pratique. Sans contredit j'espère bien voir arriver ce jour, mais avant de donner, comme dit le proverbe, mes appâts à poisson aux mouettes, il faut, par égard pour ma réputation, que je sois bien sûr que la mouette puisse y mordre. Que dites-vous à cela ?

— Je suis si loin de chercher à me former trop promptement une clientelle, mon père, que je voudrais consacrer quelques jours...

— A étudier encore, vous voulez dire. Mais ce n'est pas tout-à-fait ce que vous devez faire à présent, Alan. Il faut courir les hôpitaux, guérir Lazare, opérer sur un sujet mort pour montrer votre dextérité.

— Bien certainement je me chargerai avec plaisir de

plaider la cause de quelque pauvre client, et j'y donnerai autant de soin que si c'était celle d'un duc; mais il me faut deux ou trois jours...

— Pour étudier l'affaire; sans contredit, Alan, et pour l'étudier à fond; car vous aurez à porter la parole, *in præsentiá dominorum,* en présence du maître, mardi prochain.

— Moi! mon père? Je n'ai pas même encore parlé devant une cour de juridiction inférieure.

— Ne vous embarrassez pas des cours subalternes. Nous vous transporterons tout d'un coup dans le sanctuaire, tout botté, tout éperonné.

— Mais en vérité, mon père, je craindrais de nuire à une cause dont je me chargerais si précipitamment.

— Vous ne pouvez lui nuire, Alan, dit mon père en se frottant les mains avec un air de satisfaction; vous ne le pouvez, et c'est là la crème de l'affaire. C'est un sujet semblable à ceux dont je vous parlais tout à l'heure. Tous nos *tyrones* y ont émoussé leurs scalpels pendant quinze ans; dix ou douze agens en ont été chargés tour à tour; chacun d'eux a pris l'affaire à sa manière, et elle est arrivée au point que ni Stair, ni Arniston (1) n'en pourraient rien faire. Je crois donc qu'il est impossible que vous-même, Alan, vous puissiez lui nuire. Si vous la perdez, personne ne vous en accusera; si vous la gagnez, cela vous fera honneur.

— Et quel est le nom de mon heureux client, mon père? lui demandai-je d'un ton, je crois, assez peu gracieux.

— C'est un nom bien connu dans la chambre du par-

(1) Anciens jurisconsultes. — Éd.

lement. Pour vous dire la vérité, je l'attends à chaque instant. C'est Pierre Peebles.

— Pierre Peebles! m'écriai-je au comble de l'étonnement; c'est un mendiant, un insensé, pauvre comme Job, fou comme un lièvre en mars.

— Il plaide depuis quinze ans, dit mon père avec un ton de commisération qui semblait avouer que ce fait suffisait pour expliquer la situation déplorable de la tête et de la bourse de mon futur client.

— D'ailleurs, ajoutai-je, il est sur le rôle des pauvres, et vous savez qu'il y a des avocats spécialement chargés de plaider pour eux; conviendrait-il que je...

— Silence! Alan, vous interrompez encore la cour. Tout cela est arrangé; il est bon que vous sachiez que la cause de Pierre Peebles devait être plaidée par le jeune Dumtoustie : vous devez le connaître, le fils de Dumtoustie, membre du parlement pour le comté de... et neveu du frère puîné du laird, du digne lord Bladderskate; ce qui tient à l'*agnelage* (1) et à la place de sheriff comme le tamis tient au crible. Or Saunders Drudgeit, clerc de milord, est venu me trouver ce matin dans la chambre, comme un homme privé de ses sens, car ce jeune Dumtoustie étant un des avocats des pauvres, on l'avait nommé d'office pour plaider la cause de Pierre Peebles; mais dès que l'oison sans cervelle vit les sacs de procédures, et pour dire la vérité, Alan, ils sont d'assez bonne taille, il en fut effrayé, monta à cheval, et s'enfuit à la campagne.

Et ainsi, me dit Saunders, — milord perd l'esprit de

---

(1) *Peatship*, expression toute locale. Autrefois un avocat écossais qu'on supposait être sous le patronage spécial de quelque juge particulier, était appelé par les jaloux son *peat*, son agneau. — Éd.

honte et de colère de voir son neveu se conduire d'une telle manière. — Eh bien, Saunders, lui dis-je, je vous avouerai que, si j'étais à la place de milord, et qu'un de mes amis ou de mes parens s'en allât à la campagne, au lieu de plaider la cause dont il est chargé, cet ami ou ce parent ne passerait jamais le seuil de ma porte. — Mais alors, Alan, je pensai à rabattre le gibier sur nos terres, et je lui dis que vous étiez un gaillard dégourdi, frais émoulu, et que, si cela pouvait obliger milord, vous porteriez la parole pour Pierre Peebles mardi prochain, en disant quelques mots pour excuser l'absence indispensable de votre docte confrère, et en parlant modestement de la perte qui en résulterait pour la cour et pour votre client. Saunders avala le goujon comme un coq avalerait un grain d'orge, car il me dit que la seule ressource était de trouver pour cette affaire un avocat tout neuf qui ne sût pas de quelle tâche il se chargeait, attendu qu'il n'en existait pas un seul, ayant plaidé seulement pendant deux sessions, qui n'eût une indigestion de Pierre Peebles et de sa cause; et il me conseilla de vous en parler d'abord avec quelque ménagement; mais je lui ai dit que vous étiez un garçon docile, et que vous n'auriez dans cette affaire d'autre volonté ni d'autres intentions que les miennes.

Que pouvais-je alléguer, Darsie, contre un arrangement fait dans de si bonnes intentions, quoique si contrariant pour moi? Imiter la défection et la fuite du jeune Dumtoustie, c'eût été détruire toutes les espérances que mon père fait reposer sur moi; telle est même l'importance qu'il attache à tout ce qui a rapport à sa profession, que c'eût été pour lui un chagrin presque mortel. Je fus donc obligé de consentir, fort à contre-cœur, à ce qu'il me demandait ; et appelant sur-le-champ James Wilkinson, mon père lui donna ordre d'aller chercher deux petits sacs qu'il trouverait sur son bureau.

James sortit, et revint bientôt après courbé sous le poids de deux énormes sacs de cuir, gonflés comme des ballons, sur l'un des côtés graisseux desquels était tracée l'inscription magique, ouvrage des clercs de la cour : *Peebles contre Plainstanes*. Cette double masse fut déposée sur la table ; et mon père, avec un air de satisfaction peu ordinaire, se mit à en tirer différentes liasses de papier attachées, non avec du ruban rouge ou de la ficelle, mais avec de bonnes cordes goudronnées qui auraient pu servir à amarrer des barques aux anneaux d'un pont.

Je fis un dernier effort de désespoir pour me débarrasser de cette tâche effrayante. — Cette affaire paraît si compliquée, mon père, lui dis-je, et il reste si peu de temps pour m'y préparer, que je crois que nous ferions mieux d'en demander la remise à la session prochaine.

— Comment, monsieur ! comment, Alan ! voudriez-vous accepter et refuser tout d'une haleine ? Vous vous êtes chargé de la cause de ce pauvre homme, monsieur ; et si vous n'avez pas déjà vos honoraires dans votre poche, c'est parce qu'il n'en a pas à vous donner. Pouvez-vous renoncer ainsi à ce que vous avez entrepris ? Pensez au serment que vous avez prêté en endossant votre robe, monsieur ; songez à ce que vous devez à votre père, mon cher Alan.

Encore une fois, que pouvais-je dire ? Je vis à l'air inquiet et alarmé de mon père que rien ne le contrarierait autant que de ne pas réussir dans ce qu'il avait résolu, et je lui renouvelai la promesse de faire de mon mieux dans des circonstances si désavantageuses pour moi.

— Fort bien, Alan, me répondit-il ; le ciel vous accordera de longs jours sur la terre, parceque vous honorez les cheveux blancs de votre père. Vous pouvez trouver des gens qui vous donnent des conseils plus sages, Alan, mais personne qui désire autant votre bien.

Comme vous le savez, Darsie, le langage de l'affection n'est pas ordinaire dans la bouche de mon père, et il devient d'autant plus touchant qu'il est plus rare. Mes yeux se mouillèrent en voyant briller les siens, et le plaisir que j'aurais goûté en voyant que je lui en procurais un auquel il était si sensible, eût été sans mélange si je n'avais pensé à vous. Sans ce souvenir, j'aurais attaqué sans crainte ces deux sacs formidables, eussent-ils été aussi vastes que des sacs à blé. Mais pour changer en farce une scène sérieuse, la porte s'ouvrit... et Wilkinson annonça Pierre Peebles.

Il est impossible, Darsie, que vous n'ayez pas vu quelquefois cet original, qui, comme tant d'autres plaideurs, continue à être un pilier des cours de justice, où il a perdu son temps, son argent et son esprit. Ces malheureux m'ont quelquefois paru ressembler à ces débris de navires naufragés qu'on voit sur les rochers dans la rade d'Yarmouth, ou sur les sables de Goodwin, avertissant les autres bâtimens d'éviter les écueils; ou plutôt Pierre Peebles est un de ces épouvantails distribués dans les cours de justice pour faire peur aux fous, comme ceux qu'un fermier plante dans ses vergers pour écarter les oiseaux.

Ledit Pierre Peebles portait une grande redingote rapiécée et montrant la corde, mais arrangée avec soin, et attachée avec le peu de boutons qui restaient ; quelques épingles remplaçaient ceux qui manquaient, de manière à cacher l'état encore plus déplorable de ses autres vêtemens ; ses souliers étaient garnis de clous, et ses bas de garçon de charrue allaient rejoindre des culottes couleur de rouille ; une cravate qui avait été noire dans son temps, entourait assez bien son cou pour qu'il pût se passer de col de chemise. Ses cheveux gris s'échappaient en mèches droites de dessous une perruque faite d'étoupes, à ce qu'il me parut, et tellement rétrécie par le service qu'elle avait fait, qu'elle lui restait sur l'occiput ; mais quand il se couvre la tête, c'est d'un énorme chapeau à cornes qui, tous les jours de séance des tribunaux, entre neuf et dix heures, peut être aperçu, comme la bannière d'un chef de clan, au-dessus de la foule mobile de la *Chambre extérieure* (1). Il forme d'ordinaire le centre d'un groupe de jeunes espiègles, attirés par l'originalité de ce chapeau, exerçant sur lui l'art ingénieux de contrarier. Son visage, qui lui donnait autrefois l'air d'un bourgeois rubicond et de bonne mine, est maintenant maigri par l'inquiétude et la pauvreté ; et ses yeux ont un air égaré qui indique l'aliénation d'esprit ; ajoutez-y les rides de l'âge, un teint flétri, cet air d'importance particulier aux êtres dénués de raison, et l'habitude de se parler sans cesse à lui-même. Tel est mon heureux client, Darsie ; et je dois convenir que ma profession a grand besoin de faire

(1) *Outer-House*, première salle de la cour de justice, où l'on juge les procès en première instance. Nous avons donné ailleurs de plus amples explications sur ce mot. — Éd.

beaucoup de bien à quelques individus, s'il est vrai, comme il y a lieu de le craindre, qu'elle en réduise tant d'autres à une situation semblable.

Après que mon père nous eut présentés l'un à l'autre, avec beaucoup de cérémonie, il me fut aisé de voir par ses manières qu'il désirait me faire envisager Pierre Peebles sous un jour aussi avantageux que les circonstances le permettaient. — Alan, me dit-il, c'est monsieur qui a bien voulu vous accepter pour avocat, en place du jeune Dumtoustie.

— Pour obliger mon ancienne connaissance, votre père, par affection pour lui, dit Pierre Peebles avec un air de protection et de bonté, et par égard pour mon ancien et intime ami, lord Bladerskate; sans quoi, *per regiam majestatem!* par la majesté royale; j'aurais présenté une pétition et formé une plainte contre Daniel Dumtoustie, avocat, par nom et surnom. Je l'aurais fait, de par toutes les cours de justice! Je connais toutes les formes de la procédure, et je ne suis pas un homme dont on puisse se jouer.

Ici mon père interrompit mon client, en lui faisant observer qu'il serait à propos d'entrer en matière, attendu que l'affaire était longue, et qu'il se proposait de donner au jeune avocat un aperçu de ce procès compliqué, afin de lui mettre sous les yeux tous les faits, débarrassés de tout ce qui n'était qu'articles de forme. — J'en ai fait une courte analyse, M. Peebles, ajouta-t-il, ayant passé presque tout la nuit dernière et une grande partie de cette matinée à examiner toutes ces pièces, afin d'abréger le travail d'Alan, et je vais lui expliquer votre affaire.

— Je la lui expliquerai moi-même, dit Pierre Peebles sans respect pour son homme d'affaires.

— Non pas, s'il vous plaît, dit mon père; songez que je suis en ce moment votre procureur.

— Et vous êtes le onzième, reprit Pierre Peebles; j'en ai un nouveau à peu près tous les ans. Je voudrais qu'il me fût possible d'avoir un habit neuf avec la même régularité.

— Je suis votre procureur, quant à présent, continua mon père; et vous, qui connaissez les formes, vous savez que le client explique l'affaire au procureur, le procureur à l'avocat...

— L'avocat au lord-rapporteur, le lord-rapporteur au lord-président dans la chambre du conseil, et le lord-président aux juges. C'est comme la vieille histoire : la corde qui soutient l'homme, l'homme qui mange le bœuf, le bœuf qui boit l'eau, l'eau qui éteint le feu...

— Silence, pour l'amour du ciel! M. Peebles, s'écria mon père en l'interrompant. Le temps s'écoule, il faut entrer en affaire. Vous savez que vous ne devez pas interrompre la cour. Hem! hem! d'après l'examen abrégé que j'ai fait, il paraît...

— Avant que vous commenciez, dit Pierre Peebles, je vous serais obligé si vous vouliez me faire donner un morceau de pain et de fromage, ou de viande froide, ou n'importe quoi, en forme de provision alimentaire. Il me tardait tant de voir votre fils, que je n'ai pu avaler une bouchée de mon dîner.

Très-charmé, je crois, de trouver un si bon moyen pour fermer efficacement la bouche de son client, mon père ordonna qu'on lui servît quelque viande froide, et James Wilkinson, pour l'honneur de la maison, alloit y ajouter la bouteille d'eau-de-vie qui était sur le buffet ; mais, à un signe que lui fit mon père, il y substitua un pot de petite bière. Peebles attaqua les provisions placées devant lui avec la rapacité d'un lion affamé, et cette diversion l'occupa tellement que, quoiqu'il regardât mon père de temps en temps, comme s'il eût voulu l'interrompre, tandis qu'il me faisait l'exposé de l'affaire, cependant sa bouche trouvait son occupation trop agréable pour se livrer à aucune autre ; et il revint au morceau de bœuf froid avec une ardeur qui prouvait qu'il y avait bien du temps qu'il n'avait eu une pareille occasion de se rassasier. Laissant de côté beaucoup de détails techniques et de phrases du métier, je vais tâcher de vous donner l'histoire d'un plaideur, ou, pour mieux dire, de son procès, en échange du conte de votre joueur de violon.

Pierre Peebles et Paul Plainstanes, me dit mon père, entrèrent en société comme marchands de draps et merciers, dans Luckenbooths, en l'année... et ils firent d'assez grandes affaires à leur avantage mutuel. Mais il est inutile de dire au docte avocat que *societas est discordiarum mater;* qu'une société donne souvent lieu à bien des procès. La leur ayant été dissoute par consentement mutuel en l'année... il s'agissait de régler les comptes, et l'on fit quelques tentatives pour en faire un règlement extra-judiciaire. Enfin l'affaire fut portée en justice, et elle se divisa en différentes branches, dont la plupart furent ensuite réunies par arrêt de la cour. C'est ici que l'attention de l'avocat devient particulièrement nécessaire : 1° il y a l'action originaire de Peebles contre Plainstanes, le premier assignant le second en paiement de 3,000 livres, plus ou moins, balance alléguée et due par Plainstanes; 2° vient une contre-action dans laquelle Plainstanes est demandeur, et Peebles défendeur pour une balance de 2,500 livres, alléguée due par le dernier; 3° le septième procureur de M. Peebles lui conseilla de former une action en établissement de compte, afin de démontrer en faveur de qui il devait exister une balance; 4° pour répondre au cas hypothétique de la supposition que M. Peebles pourrait se trouver reliquataire envers M. Plainstanes, M. Wildoose, huitième procureur de notre client, lui conseilla des offres réelles, afin de mettre les parties en présence devant la cour...

Je crus que la tête me tournerait en entendant tout ce détail de procès sur procès, enchâssés les uns dans les autres, et dont il fallait pourtant que je prisse connaissance.

— Je comprends, dis-je, que M. Peebles se prétend créancier de M. Plainstanes; comment donc peut-il se reconnaître son débiteur! Et s'il ne se reconnait pas son débiteur, comment peut-il lui faire des offres réelles, qui ne sont autre chose que la reconnaissance qu'on doit une certaine somme qu'on demande à être autorisé à payer?

— Je crois que vous n'y connaissez pas grand'chose, mon jeune ami, me dit M. Peebles: des offres réelles sont le *remedium juris*, le plus sûr de toutes les formes de la procédure. J'en ai vu faire avec un *declaretur* de mariage. — Votre bœuf est excellent, dit-il à mon père qui tâchait en vain de reprendre la suite de son exposé; mais il est un peu épicé. Il n'y a rien à redire à la bière, mais elle est un peu faible, très-faible; il y entre plus de houblon que de grain. Avec votre permission, je goûterai cette bouteille noire.

Mon père se leva pour lui en servir lui-même une dose convenable; mais, à mon grand amusement, Pierre Peebles était déjà en possession de la bouteille, et l'hospitalité de mon père était trop scrupuleuse pour lui permettre de s'en emparer par des moyens directs. Pierre revint donc s'asseoir à table, avec un air triomphant, sa proie à la main.

— Je vais vous faire donner un petit verre, M. Peebles, dit mon père; car je vous préviens que vous trouverez cette liqueur un peu forte.

— On peut dire une basse messe dans une grande église, répondit Pierre en se versant une rasade dans le grand verre dont il venait de se servir pour boire de la bière. Et qu'est-ce que cela? de l'usquebaugh? oh! de l'eau-de-vie. Comme je suis honnête homme! j'avais presque oublié le nom et le goût de l'eau-de-vie. Maître Fairford père, à votre santé! (Il en avala une gorgée raisonnable.) — A la vôtre, maître Alan Fairford; et puissiez-vous réussir dans votre entreprise délicate! (Et une seconde gorgée non moins copieuse lui passa par le gosier.) — Et maintenant, mon onzième procureur, quoique vous ayez tracé un aperçu passable de ce grand procès dont a entendu parler quiconque a jamais mis les pieds dans la salle de la cour de justice, à votre santé une seconde fois, par forme de jugement interlocutoire! Vous avez oublié de parler des saisies-arrêts.

— J'allais entamer ce point, M. Peebles.

— Et de la demande en sursis pour le paiement des frais.

— J'y venais précisément.

— Et de l'évocation de la procédure faite en la cour du sheriff.

— J'allais y arriver.

— Comme la Tweed arrive à Melrose, je présume, dit le plaideur en remplissant une seconde fois son verre comme par distraction. Maître Alan Fairford, vous n'êtes pas malheureux d'avoir à plaider une cause comme la mienne pour votre début : c'est un *compendium* de toutes les autres causes, mon cher ami. *Per regiam majestatem!* il n'y a pas un *remedium juris* dans toute la pratique du barreau que vous n'y puissiez trouver. Allons, à votre santé ; puissiez-vous bien vous en tirer! Mais, holà! je bois de l'eau-de-vie pure, je crois. Ma foi! si la liqueur est païenne, nous la baptiserons avec l'aide du brasseur.

Il y mêla quelques gouttes de bière, cligna de l'œil en jetant un regard d'intelligence sur mon père, et continua à m'adresser la parole.

— Maître Alan Fairford, songez aussi à une action en guet-apens; car, lorsque je vins à bout de forcer ce coquin de Plainstanes à me tordre le nez à deux pas de la statue du roi Charles, sur la place du Parlement, je le fis entrer dans ma nasse. Et cependant personne n'a jamais pu m'apprendre sous quelle forme je devais entamer ce procès ; aucun avocat faisant trafic du vent qui sort de ses poumons n'a eu la bonté de me dire s'il valait mieux procéder par voie de pétition *ad vindictam publicam*, avec l'agrément de l'avocat général de Sa Majesté, ou former une plainte en voies de fait. *Pendente lite*, ce qui serait gagner mon affaire de but en blanc, et sortir de cour par une porte de derrière. *Per regiam majestatem!* ce bœuf et cette eau-de-vie m'échauffent terriblement : il faut que je me rafraîchisse par un verre de bière. Il s'en versa un verre, en but le trois quarts, et ajouta : — Mais cette bière est diablement froide, il faut que je la réchauffe avec ce reste d'eau-de-vie.

Il n'y manqua pas, et il continua ensuite à parler d'un ton si haut et si animé, en frappant du poing sur la table, en prenant du tabac, et en buvant à chaque instant, que mon père, désespérant de pouvoir se faire entendre, resta spectateur silencieux d'une scène dont il rougissait, et dont il attendait la fin avec impatience.

— Mais, pour en revenir à mon procès favori, reprit Pierre Peebles, mon action en guet-apens, lorsque je fus assez heureux pour provoquer Plainstanes au point de le déterminer à me tordre le nez, comme je vous le disais, presque sur les degrés qui conduisent à la cour, était précisément ce qu'il me fallait. M. Pest, vous le connaissez, papa Fairford, le vieux Pest était d'avis que j'intentasse une action d'*hame sucken* (1); car il dit que la cour... hé! hé! hé! que la cour peut être regardée comme mon domicile, vu qu'on m'y trouve plus souvent que partout ailleurs; et l'essence de l'*hame sucken* est de frapper un homme dans son domicile. N'oubliez pas cette circonstance, mon jeune avocat, et nous avons quelque espoir de faire condamner Plainstanes à être pendu, comme plus d'un homme l'a été pour beaucoup moins. Car, milords, dira Pest aux juges siégeant en la cour; milords, la chambre du parlement est le domicile de Pierre Peebles; car, dira-t-il, la chambre du parlement est *commune forum;* et *commune forum est commune domicilium.* — La fille! un autre pot de whiskey, et met-

(1) Voies de fait contre un citoyen dans son propre domicile.
Éd.

tez-le à mon compte. — Il est temps de m'en retourner, mais... *per regiam!* je ne puis trouver le pot de whiskey; il me semble pourtant que j'en vois deux. — Ah! Fairford, papa Fairford, prêtez-moi deux pence pour acheter du tabac. Ma boîte est vide. — Huissier, appelez une autre cause.

Sa tabatière lui échappant des mains, tomba par terre, et son corps l'y aurait suivie, si je ne l'eusse soutenu à temps.

— Je n'y puis plus tenir! s'écria mon père. Wilkinson, faites venir une chaise à porteur, et qu'on emporte chez lui cet être dégradé, cet ivrogne, cette brute.

Quand, après cette mémorable consultation, Pierre Peebles fut parti, abandonné aux soins d'un vigoureux celte, mon père refoula dans les deux sacs les liasses qu'il en avait tirées, à peu près comme un faiseur de tours remet dans sa gibecière les instrumens qu'il y a pris, quand la représentation qu'il donnait est terminée. — Voici mes notes, Alan, me dit-il ensuite; comparez-les avec les pièces, examinez-le tout avec soin, et réfléchissez bien à cette affaire d'ici à mardi. Ce ne sera pas la première fois qu'on aura prononcé un bon plaidoyer pour un sot client. Mais, écoutez-moi, mon garçon, écoutez-moi bien : je n'entends pas que vous perdiez vos honoraires, quand l'affaire sera terminée. Je n'aurais pas été fâché de vous entendre plaider auparavant, mais il n'y a rien de tel que de donner l'avoine à un cheval avant de le mettre en voyage. Voici cinq guinées dans cette bourse de filet de soie : c'est l'ouvrage de votre pauvre mère, Alan. Quel plaisir elle aurait eu si elle avait vu son fils porter la robe! Mais n'en parlons plus, mettez-vous à l'ouvrage, et travaillez.

ALAN FAIRFORD A DARSIE LATIMER.

Je me mis à l'ouvrage, Darsie, car qui aurait pu s'y refuser à ma place? Avec l'aide de mon père, je me suis rendu maître de tous les détails de cette affaire, malgré la confusion qui y règne, et mardi je plaiderai pour Pierre Peebles, comme je le ferais pour un duc. Dans le fait, cette affaire est maintenant si clairement arrangée dans ma tête, que j'ai trouvé le temps de vous écrire cette longue lettre. Cependant Pierre Peebles et son procès y remplissent assez de place pour vous montrer combien ils en occupent dans mon esprit. Encore une fois, prenez garde à vous, et songez à moi, qui suis votre tout dévoué,

A. F.

Des circonstances qui seront expliquées ci-après, firent qu'il se passa long-temps avant que cette lettre arrivât à sa destination.

FIN DU TOME PREMIER.

ŒUVRES COMPLÈTES
DE
SIR WALTER SCOTT.

Cette édition sera précédée d'une notice historique et littéraire sur l'auteur et ses écrits. Elle formera soixante-douze volumes in-dix-huit, imprimés en caractères neufs de la fonderie de Firmin Didot, sur papier jésus vélin superfin satiné; ornés de 72 *gravures en taille-douce* d'après les dessins d'Alex. Desenne; de 72 *vues* ou *vignettes* d'après les dessins de Finden, Heath, Westall, Alfred et Tony Johannot, etc., exécutées par les meilleurs artistes français et anglais; de 30 *cartes géographiques* destinées spécialement à chaque ouvrage; d'une *carte générale de l'Écosse* et d'un *fac-simile* d'une lettre de Sir Walter Scott, adressée à M. Defauconpret, traducteur de ses œuvres.

CONDITIONS DE LA SOUSCRIPTION.

Les 72 volumes in-18 paraîtront par livraisons de 3 volumes de mois en mois; chaque volume sera orné d'une *gravure en taille-douce* et d'un titre gravé, avec une *vue* ou *vignette*, et chaque livraison sera accompagnée d'une ou deux *cartes géographiques*.

Les *planches* seront réunies en un cahier séparé formant *atlas*.

Le prix de la livraison, pour les souscripteurs, est de 12 fr. et de 20 fr. avec les gravures avant la lettre.

Depuis la publication de la 3e livraison, les prix sont portés à 15 fr. et à 30 fr.

ON NE PAIE RIEN D'AVANCE.

pour être souscripteur il suffit de se faire inscrire à Paris

Chez les Éditeurs :

CHARLES GOSSELIN, LIBRAIRE
DE S. A. R. M. LE DUC DE BORDEAUX,
Rue St.-Germain-des-Prés, n. 9

A. SAUTELET ET Cº,
LIBRAIRES,
Place de la Bourse.

www.ingramcontent.com/pod-product-compliance
Lightning Source LLC
Chambersburg PA
CBHW070617170426
43200CB00010B/1814